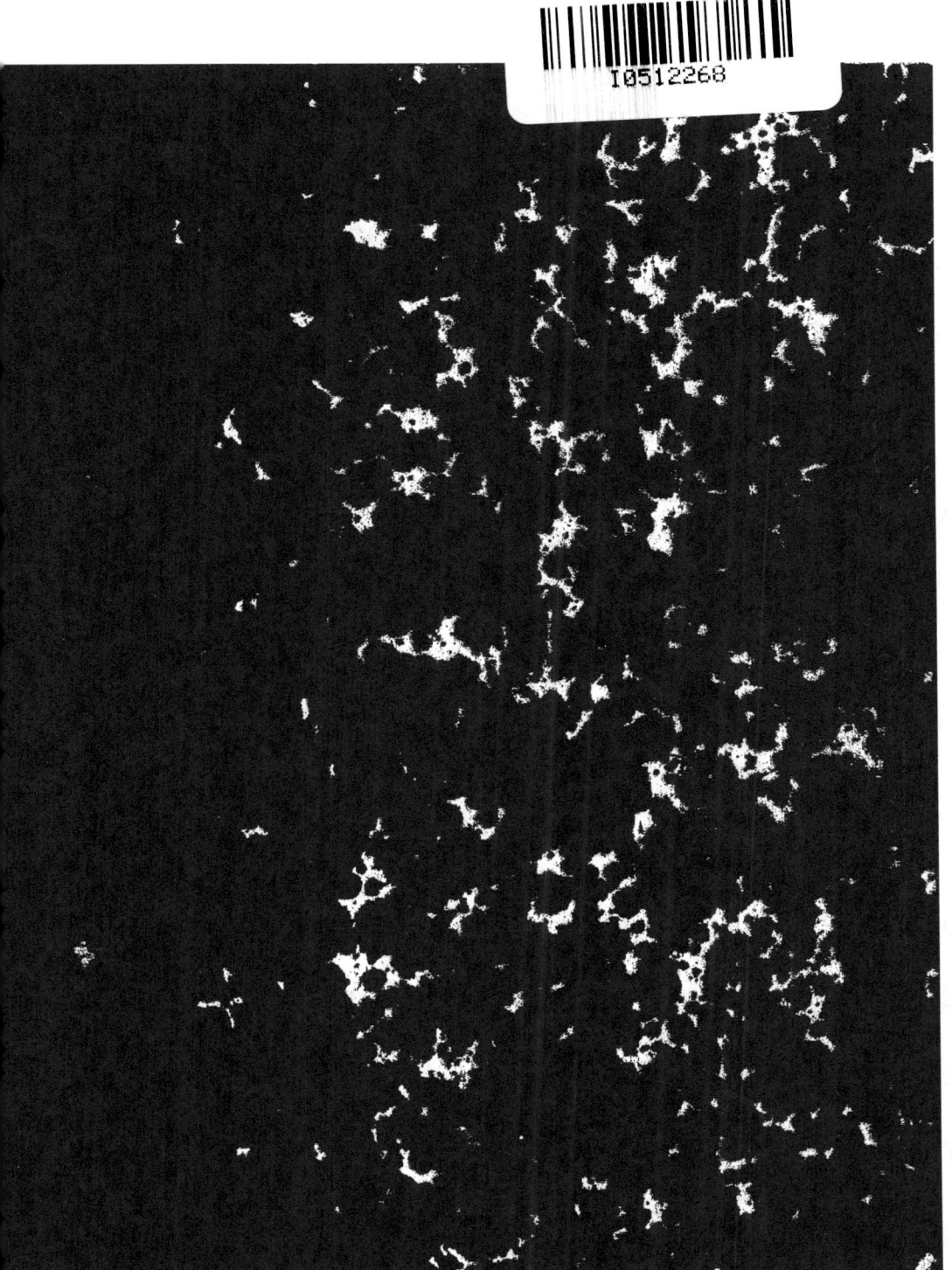

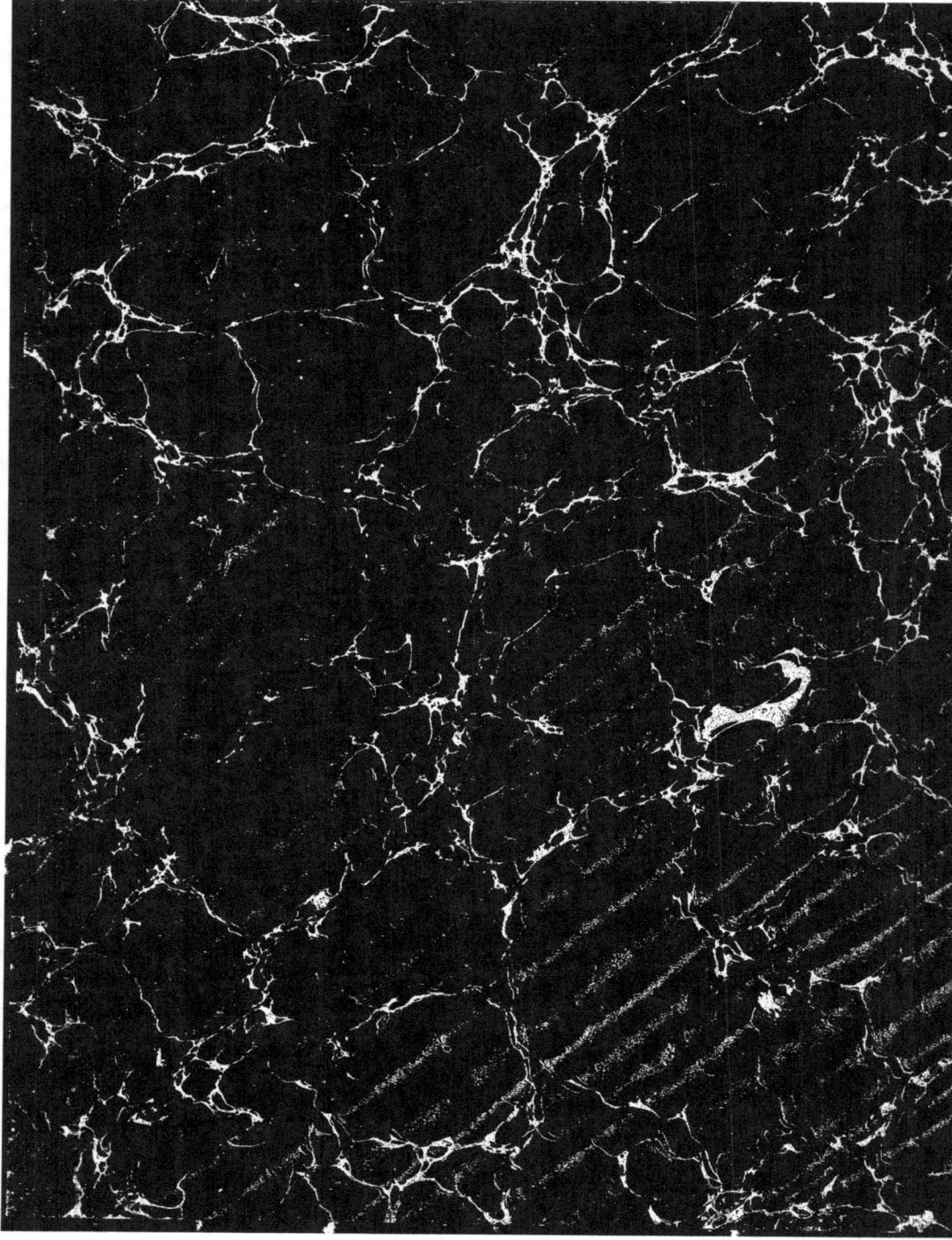

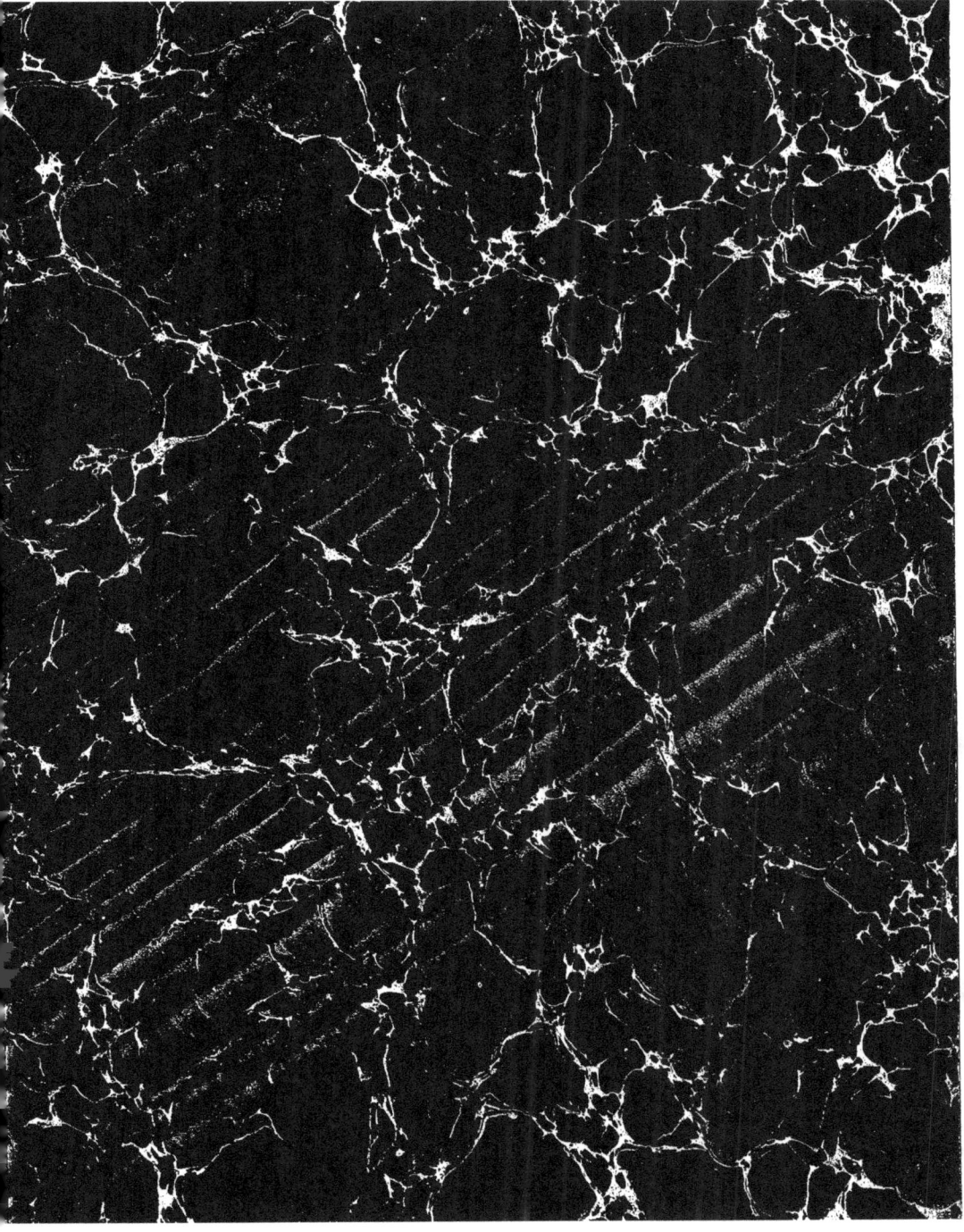

V
Ⓒ
P316.
3.C.9.

V 14790

GALERIE
DES PEINTRES
LES PLUS CÉLÈBRES.

PARIS. — TYPOGRAPHIE DE FIRMIN DIDOT FRÈRES,
RUE JACOB, 56.

ŒUVRES COMPLÈTES

DE DOMINIQUE ZAMPIERI

DIT

LE DOMINIQUIN.

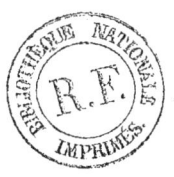

PARIS,
LIBRAIRIE DE FIRMIN DIDOT FRÈRES, ÉDITEURS,
IMPRIMEURS DE L'INSTITUT DE FRANCE,
RUE JACOB, N° 56.

M DCCC XLV.

VIE
DE DOMINIQUE ZAMPIERI,
DIT
LE DOMINIQUIN.

Si le principal objet de la peinture est l'expression des passions humaines, quel peintre eut une plus haute idée de son art que Dominique Zampieri, qui dirigea vers ce but toutes les facultés d'un génie méditatif? et si les persécutions de l'envie et de la médiocrité, toujours acharnées contre les talents d'un ordre supérieur, ne font qu'ajouter à l'intérêt qu'ils inspirent, quel autre que lui eut plus de droits à la bienveillance et aux regrets de ses contemporains? En effet, né dans un état obscur, après avoir lutté contre toutes sortes d'obstacles, employé ses plus belles années à créer des chefs-d'œuvre souvent méconnus ou avilis, il ne cessa jamais d'être patient et modeste. Victime de la jalousie, il périt enfin sans avoir joui paisiblement du fruit de ses travaux, ni de la célébrité qui en est la plus digne récompense.

Dominique Zampieri naquit à Bologne, d'un simple cordonnier, le 21 octobre 1581. Son père, malgré la gêne où il vivait, entreprit de lui donner quelque éducation, ainsi qu'à Gabriel, son fils aîné. Celui-ci fut d'abord destiné à la peinture, et placé chez Denis Calvart, peintre flamand qui s'était depuis longtemps établi à Bologne : Dominique fut initié dans l'étude des lettres, et l'ambition de ses parents se bornait à le voir un jour exercer, dans l'église ou au barreau, un emploi lucratif qui pût leur apporter quelque aisance et adoucir leur sort.

Mais Zampieri n'avait pas consulté les dispositions naturelles de ses enfants. Gabriel ne faisait aucuns progrès dans le dessin, et Dominique, quoique assez avancé dans ses études, y montrait peu de goût, et s'échappait de son école, soit pour tracer quelques figures, soit pour se rendre chez un peintre qui demeurait dans son voisinage et qu'il prenait grand plaisir à voir travailler.

Le père, averti de cette conduite, après avoir réprimandé et maltraité son fils, le reconduisit chez son maître, et pria celui-ci de le punir sévèrement toutes les fois qu'il s'écarterait de ses devoirs.

Ces précautions furent inutiles : le penchant du jeune Dominique résista à toutes les menaces. Enfin Gabriel ayant représenté à son père qu'il serait bon de mettre à profit le germe d'un talent qui pourrait devenir aussi avantageux pour Dominique que l'état auquel on le destinait malgré lui, il obtint de le faire entrer à sa place chez Denis Calvart; et dès lors il renonça lui-même à la carrière des arts pour celle des belles-lettres, qui avait pour lui plus d'attrait.

Denis Calvart ne tarda pas à connaître les heureuses dispositions de son nouvel élève; il lui donna les mêmes principes que le Guide et l'Albane avaient reçus dans son école, avant qu'ils l'eussent quittée pour passer dans celle des Caraches : mais Dominique prenait moins de plaisir à copier les dessins du peintre flamand, que des estampes d'Augustin qu'il s'était procurées. Son maître le surprit un jour occupé à dessiner secrètement d'après une de ces gravures; il s'emporta contre lui, et rappelant une querelle qu'il lui avait faite quelques jours auparavant, au sujet d'un tableau que Dominique avait laissé tomber, et qui s'était un peu endommagé, il s'en fit un prétexte pour le frapper avec brutalité, et le chassa de chez lui, la tête ensanglantée.

Dominique n'osait paraître devant son père, dans la crainte d'un nouveau châtiment; il se glissa furtivement dans la maison, et alla se cacher dans une chambre inhabitée d'où il pouvait entendre les discours de ses parents. Il y passa la nuit; mais, pour faire cesser les inquiétudes que causait sa fuite, il se présenta le lendemain devant eux. Ils furent touchés du triste état où ils le virent, et le récit naïf qu'il leur fit acheva de désarmer leur colère. Alors il fut décidé que l'on chercherait le moyen de le recommander aux Caraches. Mais Zampieri était trop pauvre pour payer à ces maîtres la rétribution qu'ils avaient coutume d'exiger de leurs élèves. Dominique offrit pour compensation, de remplir dans l'académie divers emplois confiés ordinairement à des mains mercenaires, car son amour pour la peinture était si ardent, que rien ne pouvait le rebuter, pourvu qu'il lui fût permis de travailler sous la conduite d'artistes aussi célèbres. Augustin, à qui il fut présenté d'abord, l'introduisit auprès de Louis son cousin, qui le reçut avec d'autant plus d'affection que c'était en quelque sorte pour l'amour d'eux qu'il avait été maltraité par son premier maître.

Admis dans l'école des Caraches, Dominique travailla avec la plus grande assiduité. Il s'appliqua non-seulement à copier les dessins d'Augustin, dont il tâchait d'imiter exactement les contours, mais encore à saisir les caractères et l'expression des passions qu'il voyait représentées, et dont il cherchait à découvrir les causes, ainsi que les signes extérieurs.

Ses maîtres louaient son intelligence, et présagèrent ce qu'il deviendrait un jour. Il s'en fallait beaucoup que les élèves en eussent une opinion aussi avantageuse. Sa contenance timide, embarrassée, et sa lenteur dans le travail les avaient prévenus défavorablement. Ils furent confirmés dans cette idée quand ils virent qu'à mesure qu'il acquérait des connaissances il travaillait moins, et qu'il s'éloignait de cette hardiesse et de cette promptitude que la plupart d'entre eux regardaient comme la marque du vrai talent. Ils avaient adopté ce système parce qu'en effet Louis Carache, que de plus hautes qualités rendaient recommandable, avait obtenu, par une longue pratique, cette facilité de pinceau que l'on ne doit réellement estimer que lorsqu'elle est unie aux parties essentielles de l'art; mais Dominique ne se laissait point séduire par un mérite superficiel ni par des apparences trompeuses.

Infatigable dans le travail, tourmenté du désir d'atteindre à la perfection, il n'était presque jamais content de lui-même; il méditait longtemps avant de rien entreprendre, effaçait, recommençait plusieurs fois la même composition, et s'affligeait sincèrement lorsqu'il n'avait pas réussi. Échauffé par la lecture des historiens et des poëtes, il s'attachait de préférence aux sujets pathétiques. Pour saisir des expressions naturelles, il fréquentait les lieux où la multitude se rassemble, observait la vivacité naïve des enfants, la lenteur et la gravité des vieillards, les douces émotions des femmes et les mouvements énergiques des hommes dans la vigueur de l'âge; caché dans son manteau, il faisait un léger trait au crayon de ces différentes attitudes, et rentrait aussitôt chez lui pour en arrêter les contours. Ces études particulières, dont l'usage était peu connu ou peu estimé des camarades de Dominique, le tenaient presque toujours éloigné d'eux, et le firent soupçonner d'irrésolution, d'indolence et même d'incapacité. Mais ce fut à cette époque, et dans l'âge le plus tendre, qu'il obtint sur ses émules une prééminence qu'ils lui auraient vainement disputée.

Louis Carache avait établi dans son école un concours qui avait lieu plusieurs fois dans l'année; on y proposait aux élèves la composition d'un dessin dont le sujet était tiré de l'histoire ou de la mythologie, et celui qui l'avait traité avec le plus de succès recevait le titre de *Prince de l'académie*. Dominique hasarda de placer secrètement son ouvrage parmi ceux de ses concurrents, et trois fois son dessin fut jugé supérieur aux autres, sans qu'il se fît connaître. Chacun s'étonnait que l'auteur de l'ouvrage couronné pût renoncer à l'honneur qui devait lui en revenir : enfin, après beaucoup de recherches inutiles, Augustin ayant questionné l'un après l'autre tous les élèves, s'adressa à Dominique, qui se tenait modestement à l'écart; son silence et sa rougeur le trahirent, et l'espèce de mépris qu'on lui avait marqué jusqu'alors se changea aussitôt en sentiments d'affection et d'estime. Ce premier triomphe fut l'origine de sa réputation; et, tant à cause de son extrême jeunesse que de son empressement à se rendre utile à ses camarades, il reçut d'eux, en témoignage d'amitié, le surnom de Dominiquin (*Domenichino*), que l'honneur d'un si glorieux succès lui fit conserver toute sa vie.

Ce fut alors qu'il commença à manier le pinceau. Ses premiers tableaux, quoique exécutés avec peu de facilité, montrèrent une justesse d'expression et une force de relief que l'on ne trouvait pas dans ceux des autres élèves, qui avaient une manière plus expéditive, et peut-être une plus grande vivacité d'imagination. Louis Carache, le voyant sans cesse appliqué à l'étude, le leur proposait pour exemple; car le grand désir qu'avait le Dominiquin de s'instruire dans toutes les parties de son art, le tenait constamment auprès de son maître dont il observait avec soin la conduite, non-seulement dans la composition et la disposition de ses ouvrages, mais encore dans l'exécution des détails.

Si le Dominiquin paraissait lent dans ses conceptions, et se fixait difficilement dans le choix de ses idées, il était bien différent lorsqu'il ne s'agissait plus que de les exprimer sur la toile. Quand il avait arrêté ses contours et donné les premiers coups de pinceau, il demeurait tellement attaché au travail, qu'il fallait l'en tirer comme par force, même pour prendre du repos; et cette application lui devint si naturelle qu'il la conserva toujours.

Lorsqu'il fut dans un âge plus avancé, il se lia d'amitié avec l'Albane qui avait quelques années de plus que lui. Ils travaillaient ensemble, et, tendant au même but, ils se communiquaient leurs idées, employaient les mêmes moyens, et se donnaient réciproquement des avis également profitables à tous deux. Leur intimité ne se démentit jamais dans la suite.

Ils allèrent ensemble à Parme, à Reggio, à Modène, où la vue des tableaux du Corrége et du Parmesan leur fit connaître l'union des formes *grandioses* et des grâces du pinceau. Quelque temps après, l'Albane se rendit à Rome, pour voir la galerie qu'Annibal Carache peignait au palais Farnèse, et il promit au Dominiquin, affligé d'une si cruelle séparation, de le faire venir à Rome aussitôt qu'il y aurait obtenu un établissement plus solide que celui qu'il pouvait espérer dans sa patrie.

Six mois s'étaient écoulés depuis le départ de l'Albane, sans que le Dominiquin eût éprouvé l'effet de ses promesses. Impatient de l'aller joindre, et surtout excité par la vue de quelques dessins faits d'après les ouvrages d'Annibal Carache, dans la galerie du palais Farnèse, que l'Albane avait envoyés à Louis pour placer dans l'école, il partit subitement pour Rome, et arriva chez son ami sans y être attendu. Celui-ci, enchanté de revoir son ancien camarade, l'accueillit avec joie, le logea dans sa propre maison, et le défraya de tout pendant près de deux ans.

A la recommandation de l'Albane, le Dominiquin fut reçu dans l'école d'Annibal et s'y montra fort assidu. Le maître fut d'autant plus charmé de s'attacher un jeune homme qui donnait les plus hautes espérances, qu'il forma secrètement le dessein de le donner pour rival au Guide, dont il voyait avec quelque jalousie la réputation s'élever au-dessus de celle des autres élèves. Ainsi, tandis que Louis, à Bologne, lui opposait le Guerchin, Annibal se proposa, à Rome, le même but en faisant valoir les talents du Dominiquin, qu'il trouvait supérieur au Guide sous plusieurs rapports. Il ne négligea rien pour hâter ses progrès; et voulant le protéger d'une manière particulière, il ne tarda pas à lui fournir l'occasion de débuter avec avantage.

Annibal ayant été obligé d'employer l'Albane aux peintures de la chapelle *Errera*, et pour cet effet de le détacher des travaux de la galerie Farnèse, fit choix du Dominiquin pour l'aider dans ce dernier ouvrage. Non-seulement il le fit peindre d'après ses cartons, mais encore il l'engagea à exécuter quelque chose de son invention dans la loge du jardin contigu à cette galerie. Le Dominiquin y représenta Adonis tué par le Sanglier. La douleur de Vénus était si bien exprimée, les diverses actions des Amours qui l'accompagnent parurent si conformes au sujet, qu'Annibal en éprouva une satisfaction extraordinaire. Ce tableau fut le premier que le Dominiquin peignit à Rome.

Après avoir terminé cet ouvrage, il fit chaque jour de nouveaux progrès, soit dans le dessin, soit dans l'art de disposer ses figures, soit dans l'expression des passions : mais plus il se rendait agréable au Carache, plus il excitait la jalousie des autres peintres. Ils s'indignèrent tellement des louanges qu'il recevait, qu'ils lui vouèrent une haine implacable, dont il ressentit les effets tout le reste de sa vie.

Lanfranc, élevé comme lui dans l'école des Caraches, commença dès lors à blesser toutes les convenances, et à le discréditer en toute occasion. Antoine Carache, fils naturel d'Augustin, eut la faiblesse de se joindre aux détracteurs de ce grand peintre. Ils prétendaient que le Dominiquin manquait d'esprit et d'invention, et que ses ouvrages sentaient le joug; ils en vinrent jusqu'à lui donner par dérision le nom de *bœuf*, et ce fut au sujet de cette dénomination injurieuse qu'Annibal leur fit cette réponse si connue : « Que ce bœuf labourait un champ fertile qui nourrirait la peinture. » Ce mot d'Annibal n'atteste pas moins la noblesse de ses sentiments que l'excellence de son goût; car, de tous les peintres alors vivants, le seul qui pût lui donner de l'ombrage et lui disputer le premier rang, c'était le Dominiquin.

Dom Francesco Polo, maître des cérémonies du pape, auquel il avait été recommandé par l'Albane à son arrivée à Rome, lui acquit l'estime et la protection de M. J. B. Agucchi, d'une famille distinguée de Bologne, et digne de sentir tout son mérite. Celui-ci voyant que les critiques que l'on faisait du Dominiquin, quelque outrées qu'elles fussent, n'en portaient pas moins atteinte à sa réputation et à sa fortune, voulut le soustraire à cet état pénible, et lui procurer une existence assurée; il pria le cardinal Jérôme Agucchi, son frère, de lui confier des travaux et de se l'attacher.

Il s'en fallut peu que les bonnes intentions des deux frères ne fussent infructueuses pour le Dominiquin. Son maintien embarrassé, son extrême timidité, et sa lenteur à s'exprimer, prévinrent défavorablement le cardinal; il pensa qu'un homme qui se présentait sous des dehors si peu avantageux ne pouvait avoir un talent distingué. M. Agucchi ne se rebuta pas; et pour ramener son frère à des sentiments plus équitables, il engagea le Dominiquin à faire secrètement un tableau à l'huile représentant saint Pierre délivré de prison par l'Ange. Quand il l'eut terminé avec tout le soin possible, M. Agucchi le fit placer dans une des chambres du palais du cardinal. Celui-ci admira le tableau, le fit voir à des connaisseurs, et s'étant confirmé dans l'opinion avantageuse qu'il en avait, il voulut en connaître l'auteur. Alors son frère lui raconta le stratagème auquel il avait eu recours. Le tableau fut placé dans l'église de Saint-Pierre *in Vincoli*, où on le voit encore, et le cardinal se décida à employer le pinceau du Dominiquin.

Il peignit d'abord, sous le portique de l'église de Saint-Onufre, trois sujets de l'histoire de saint Jérôme, son baptême, sa flagellation par l'Ange, et la victoire qu'il remporte sur les tentations du démon. Ces trois tableaux furent généralement estimés.

On aura souvent occasion de remarquer dans la vie du Dominiquin, qu'au moment où il commençait à triompher de sa mauvaise fortune, quelque accident imprévu lui présentait de nouveaux obstacles, et semblait renverser toutes ses espérances. Le cardinal, dont il avait eu tant de peine à obtenir l'estime, mourut peu de temps après.

Le Dominiquin fut chargé d'orner le tombeau de son protecteur. Il donna le dessin de ce monument, au-dessus duquel il peignit dans un ovale le portrait du cardinal, soutenu par deux sphinx. Il voulut même, par reconnaissance, y exécuter en marbre; de sa propre main, quelques-uns des ornements, entre autres une des deux têtes de bélier que l'on voit sur le devant du tombeau.

Assuré des talents du Dominiquin, M. Agucchi le logea, et lui fit une pension. L'aisance et la tranquillité d'esprit dont il jouit alors ne furent pour lui qu'un motif de plus pour se livrer entièrement à l'étude de son art; bien différent en cela de quelques artistes célèbres à qui une pareille situation n'inspira que le dégoût du travail, il fit un grand nombre de tableaux à l'huile de différentes grandeurs. C'est à cette époque que l'on doit rapporter tous ceux d'une proportion moyenne dont il eut le loisir de s'occuper. Ces divers ouvrages, après avoir éprouvé plusieurs déplacements successifs, sont maintenant répandus dans toute l'Europe. Les principaux sont à Paris, et font partie du Musée.

M. Agucchi ne cessait de faire valoir les talents du Dominiquin. Devenu majordome du cardinal Aldobrandin, neveu de Clément VIII, il le proposa au cardinal pour décorer sa *villa Belvedere*, dont le palais venait d'être bâti. Le Dominiquin y peignit divers sujets de l'histoire d'Apollon.

Annibal Carache, enchanté de la manière ferme et étudiée de son élève, s'employait de plus en plus à lui procurer les occasions de faire briller son talent; il lui fit peindre sur une des portes de la galerie Farnèse une jeune Fille avec une Licorne, devise de la maison Farnèse.

Le Dominiquin se rendit ensuite à l'abbaye de *Grotta Ferrata*, à dix milles de Rome, où il peignit dans une chapelle, pour le cardinal Odoard Farnèse, plusieurs actions miraculeuses de saint Nil et de saint Barthélemy, et d'autres sujets de dévotion. Ce fut Annibal qui lui fit obtenir cette entreprise.

Parmi ces tableaux, qui jouissent d'une grande réputation, il y en a un qui mérite une attention particulière, en ce qu'il rappelle une anecdote intéressante de la vie du Dominiquin; c'est celui où l'on voit saint Nil recevant la visite de l'empereur Othon III. Le jeune homme richement vêtu qui paraît s'éloigner d'un cheval fougueux offre le portrait d'une jeune fille de *Frascati* dont le Dominiquin était amoureux, et que ses parents avaient refusé de lui donner en mariage. Un jour elle vint avec sa mère dans la chapelle où il travaillait; il saisit l'occasion de faire son portrait sans qu'on s'en aperçût, et le plaça dans le tableau. Le changement de costume n'empêcha pas qu'on la reconnût: les parents éclatèrent en menaces contre le Dominiquin, qui, naturellement timide, quitta précipitamment *Grotta Ferrata* pour se soustraire à leur ressentiment, et retourna à Rome.

S'il trouva dans Annibal Carache un maître qui sut rendre justice à son mérite, il eut aussi dans l'Albane un véritable ami, qui ne négligeait aucune occasion de lui être utile. L'ardeur avec laquelle il contribuait aux succès du Dominiquin, le plaisir qu'il avait à se l'associer dans ses travaux sans craindre un concurrent aussi redoutable, honoreront toujours sa mémoire. Le marquis Justiniani faisait travailler l'Albane dans son château de Bassano, et celui-ci, à force de combler d'éloges le Dominiquin, décida le marquis à lui confier les peintures de l'une des chambres. Il y représenta plusieurs traits de l'histoire de Diane.

La manière dont il s'acquitta de ce travail ajouta beaucoup à sa réputation. Annibal, qui ressentait déjà les atteintes du mal qui peu de temps après le mit au tombeau, obtint, par le crédit du cardinal Scipion Borghèse, que l'on confiât au Dominiquin, dont il connaissait les talents en architecture, tout ce qui avait rapport à la décoration intérieure de la chapelle dédiée à saint André, dans l'église de Saint-Grégoire, sur le mont Cœlius (1) : il lui procura un des deux grands tableaux que l'on voit dans cette chapelle. Le Guide fut chargé de peindre le tableau qui lui est opposé.

La postérité, qui seule peut assigner aux grands artistes le rang qui leur convient, a placé le Guide au-dessous du Dominiquin ; les contemporains de ces deux peintres célèbres n'en jugeaient pas ainsi, et ce fut particulièrement dans cette circonstance que la partialité se manifesta. On établit, contre toute justice, une extrême disproportion dans le prix de leurs travaux. La fresque qui représente la flagellation de saint André ne fut payée au Dominiquin que 150 écus romains (environ 750 fr.), tandis que le Guide en reçut 400 pour celle où il a peint le Saint à genoux devant la croix. Quand les deux tableaux furent exposés aux regards du public, la plupart des spectateurs donnèrent la palme au Guide ; mais le suffrage d'Annibal dut consoler le Dominiquin. « Son ouvrage est d'un écolier, dit-il ; celui du Guide est d'un maître : mais le maître ne vaut pas l'écolier. » Ce mot du Carache est célèbre ; on ne pouvait mieux caractériser la supériorité d'un talent du premier ordre, qui n'est point encore arrivé à son point de perfection, sur celui qui a déjà atteint le but d'une carrière plus bornée.

A cet éloge se joignit un autre suffrage du plus grand poids, le sentiment de la nature, plus sûr que tous les raisonnements. Une vieille femme de la classe du peuple, étant venue un jour dans la chapelle avec un jeune enfant, et ayant été frappée des caractères expressifs de tous les personnages de ce tableau, elle lui dit : « Voyez, mon enfant, avec « quelle fureur ces bourreaux tourmentent le Saint : remarquez celui qui le menace avec « un visage enflammé de colère ; cet autre qui emploie toutes ses forces pour lui serrer « les pieds avec des cordes ; et comme la foi soutient le martyr au milieu de ses tour-« ments. Il lève les yeux au ciel, et semble se réjouir de son supplice. » Après avoir prononcé ces paroles, la vieille se retourna les larmes aux yeux, jeta un regard froid et indifférent sur le tableau du Guide, et sortit de la chapelle sans paraître y faire attention.

Rebuté des contrariétés et des injustices que ses ennemis lui faisaient éprouver, le Dominiquin avait résolu de retourner à Bologne, lorsqu'un de ses amis, prêtre de Saint-Jérôme de la Charité, lui procura l'exécution du tableau destiné pour le maître-autel de cette église. Il peignit alors sa célèbre communion de saint Jérôme : cet ouvrage est son chef-d'œuvre : on connaît le jugement qu'en a porté depuis le Poussin. Ce grand maître regardait la Transfiguration de Raphaël, la Descente de Croix de Daniel de Volterre, et la Communion de saint Jérôme du Dominiquin, comme les trois ouvrages les plus parfaits que l'art eût produits. Ce dernier tableau, sublime par la vérité des expressions, ne fut payé

---

(1) Ce mont était un des sept de l'ancienne Rome ; il se trouve maintenant hors des murs, près du Colisée et de l'arc de Constantin.

que cinquante écus (256 francs). Les envieux du Dominiquin, forcés d'en reconnaître les beautés, prirent le parti de dire hautement que cette composition n'était qu'une réminiscence ou un plagiat. Lanfranc, toujours acharné contre lui, se rappela qu'Augustin Carache avait autrefois traité le même sujet pour la Chartreuse de Bologne, et prétendit que le Dominiquin, incapable de mettre au jour un grand ouvrage de son invention, s'était approprié la pensée d'Augustin. Pour appuyer son assertion, il fit graver la composition de ce dernier, par François Perrier, son élève, et répandit cette estampe dans Rome. Son accusation, tout injuste qu'elle était, avait cependant quelque apparence de raison ; car on ne peut se dissimuler que le Dominiquin a puisé dans le tableau de son maître la marche de la composition et la disposition générale des figures; mais il est impossible d'en citer aucune qui ne soit de sa propre invention; d'ailleurs, quel que soit le mérite de l'ouvrage d'Augustin, on est loin d'y trouver la beauté et la vérité des détails, l'énergie des caractères, et surtout cette abondance d'expressions pathétiques qui ennoblissent la pensée, et assurent au Dominiquin la supériorité qu'on essaya vainement de lui contester. La gravure du tableau d'Augustin, publiée par Lanfranc, ne produisit pas l'effet qu'il s'en était promis; elle ne servit qu'à mettre au jour sa malveillance, et affermit encore la réputation de son rival. Le tableau de la Communion de saint Jérôme fut terminé en 1614; le Dominiquin était alors âgé de trente-trois ans.

Si le chef-d'œuvre dont il venait d'enrichir la peinture ne réduisit pas ses ennemis au silence, il augmenta du moins le nombre de ses partisans, et de toutes parts on lui proposa de nouveaux ouvrages. Il travailla en concurrence avec Lanfranc, le Guerchin et Josépin, dans un palais de Rome qui depuis a appartenu au marquis de *Costaguti*; il y représenta dans un plafond Apollon conduisant son char, et faisant resplendir de lumière la Vérité soutenue par le Temps. Il peignit aussi pour le marquis de *Mattei*, à la voûte d'une petite chambre, l'histoire de Jacob et de Rachel. Mais il eut bientôt occasion de déployer ses talents dans une entreprise plus considérable. Il fut chargé de décorer de peintures à fresque la chapelle de Sainte-Cécile, dans l'église de Saint-Louis des Français. Les tableaux qu'il y fit sont mis avec justice au rang de ses meilleures productions. Ils représentent les principaux événements de la vie de sainte Cécile. On voit dans les deux premiers la Sainte distribuant son bien aux pauvres, et le moment où elle refuse de sacrifier aux idoles; dans le troisième, elle est représentée à genoux, avec Valérian son mari, recevant des mains d'un Ange des couronnes de fleurs (ces deux derniers tableaux sont exécutés en grisaille); dans le quatrième, l'artiste a peint sainte Cécile mourant de ses blessures; le plafond offre son apothéose.

Il alla ensuite à la ville de Fano, où il peignit, dans la cathédrale, à la chapelle de la famille de Nolfi, la vie de la Vierge, en quinze morceaux à fresque. Alors le désir de revoir ses parents le rappela à Bologne. Il y fit un tableau dans lequel il se représenta lui-même, occupé à peindre au milieu de sa famille. Les ouvrages les plus considérables qu'il entreprit dans cette ville, sont les deux grands tableaux connus sous le titre de la *Vierge du Rosaire*, et du *Martyre de sainte Agnès*. Le sujet du premier est assez compliqué, et se comprend difficilement : l'artiste lui-même donnait une explication vague de cette allégorie mystique. Sous le rapport de l'exécution, cet ouvrage offre de grandes beautés : le Martyre de sainte Agnès ne lui est pas inférieur; la tête de la sainte, entre autres, est admirable et de l'expression la plus touchante (1).

Le Dominiquin se maria dans sa patrie; il épousa une jeune femme aimable, et assez belle pour lui servir de modèle dans ses tableaux.

Grégoire XV, n'étant encore que cardinal, avait été parrain d'un de ses fils; parvenu au trône pontifical, il l'appela près de lui, et le nomma architecte du Palais Apostolique. La mort du pape priva bientôt le Dominiquin de cet emploi, et des occasions qu'il aurait eues de développer ses talents. Heureusement le cardinal Alexandre Montalte venait de faire bâtir l'église de Saint-André *della Valle* : ce prélat ayant été satisfait de quelques tableaux que le Dominiquin avait faits pour lui, chercha à le retirer de l'abattement où il était tombé, et lui destina les peintures de la tribune et de la voûte de cette église.

Le Dominiquin peignit d'abord les quatre pendentifs aux angles de la coupole, et y représenta d'une manière large et de proportion colossale, les quatre Évangélistes. Il entreprit ensuite, dans la tribune et dans les intervalles des fenêtres du chœur, l'histoire de saint André. Cet ouvrage touchait à sa fin; le Dominiquin avait terminé avec beaucoup de soin et de fatigue les dessins de la coupole, il en avait même dessiné trois compositions différentes, quand la mort du cardinal vint encore lui enlever un de ses protecteurs. Lanfranc, toujours empressé à lui nuire, prétendit qu'il ne pourrait achever seul, pour l'époque de l'année sainte, comme il s'y était engagé, la totalité des travaux, et obtint pour lui-même l'exécution de la coupole.

Le Dominiquin fut très-sensible à cette nouvelle injustice, mais il eut du moins la consolation de la voir généralement blâmée.

Le cardinal *Ottavio Bandini*, pour le dédommager, lui donna à peindre dans l'église de Saint-Sylvestre, à *Monte-Cavallo*, les quatre ovales qui sont dans la chapelle de ce prélat. Il y représenta des sujets pris de l'Ancien Testament : Esther devant Assuérus, Judith montrant aux Hébreux la tête d'Holopherne, David jouant de la harpe devant l'arche sainte, et Salomon sur son trône, avec sa mère Bethzabée, ou, selon d'autres, avec la reine de Saba.

Il peignit ensuite, à Sainte-Marie de la Victoire, un tableau de la Vierge avec l'Enfant Jésus et saint François; sur les côtés de la même chapelle, il représenta dans deux tableaux, le même saint recevant les stigmates, et ravi en extase au son d'une musique céleste.

L'église de Saint-Charles *de' Catinari* fut alors entièrement terminée, et les peintures en furent destinées au Dominiquin. Il peignit d'abord, dans les pendentifs de la voûte, les quatre Vertus cardinales; mais le sort ennemi qui le poursuivait, et auquel il devait être en butte jusqu'aux derniers moments de sa vie, ne permit pas que ces beaux ouvrages fussent estimés à leur juste valeur. Le Dominiquin, affligé et irrité de tant de persécutions,

---

(1) On s'abstient d'entrer dans de longs détails sur ces diverses compositions; l'inspection des planches remplit mieux cet objet que le discours le plus étendu.

laissa imparfaite la figure de la Tempérance, et ne voulut pas entreprendre les peintures de la coupole. Il peignit ensuite, pour l'église de Saint-Pierre, un grand tableau représentant le Martyre de saint Sébastien, et un autre aussi considérable pour le maître-autel de l'église de Saint-Jean des Bolonnais. On voit dans ce dernier la Vierge avec l'Enfant Jésus, un concert d'Anges, saint Jean et saint Pétrone.

Tous ces tableaux, dont l'étendue et surtout le mérite auraient dû assurer au Dominiquin une fortune considérable, étaient payés si médiocrement, que son sort n'en était pas meilleur; c'est ce qui lui fit prendre la résolution de céder aux invitations qu'on lui faisait depuis quelque temps d'aller à Naples pour y peindre la chapelle du Trésor. Cette entreprise importante avait déjà été confiée au Guide et à Josépin, qui, tous deux successivement, l'avaient abandonnée : ils avaient même été obligés de quitter la ville, dans la crainte du poison, et pour se soustraire à la vengeance des peintres napolitains, qui ne pouvaient souffrir qu'un artiste étranger vînt leur enlever ces travaux. L'un d'eux, Grec de naissance, nommé *Corenzio*, qui, après le départ du Guide, les avait obtenus en concurrence avec un autre peintre appelé *Caracciuolo*, était moins connu par son talent que par son caractère féroce et vindicatif. Le Dominiquin ne l'ignorait pas; mais l'ordre que le vice-roi fit donner à Corenzio d'abandonner cette entreprise, le désir qu'avait le Dominiquin de soutenir sa famille, la perte de sa place d'architecte du Palais Apostolique, enfin les offres avantageuses qu'on lui fit (1), l'emportèrent sur ses craintes. Sans avoir égard aux conseils de ses amis ni aux prières de sa femme, il traita avec les envoyés de Naples en 1629, et se transporta dans cette ville avec toute sa famille. On l'y reçut avec distinction. Après avoir fait l'examen de l'édifice qu'il devait orner, il s'occupa sans délai de la composition de ses tableaux. Il en avait pris les sujets dans la vie de saint Janvier, patron des Napolitains, et retraçait diverses circonstances où la protection de ce saint leur avait été favorable.

Quand les dessins furent terminés, il fut obligé, pour se livrer à l'exécution, de faire abattre les travaux de Corenzio et de Caracciuolo. Leur fureur fut à son comble; mais le Dominiquin se tenait sur ses gardes, et le vice-roi s'était trop fortement prononcé en sa faveur pour qu'ils osassent attenter à sa vie. Ne pouvant attaquer sa personne, ils s'attachèrent à dénigrer ses talents : à les entendre, la nature lui avait refusé le génie, et il ne produisait, à force de peines et de fatigue, que des ouvrages méprisables. Des libelles furent attachés à la porte du lieu même où il travaillait. Il recevait des lettres anonymes où l'on se déchaînait contre lui, et qui le mettaient au désespoir. On assure que sans les soins de l'ecclésiastique à qui il avait donné sa confiance, sans le zèle attentif que celui-ci apportait à le distraire par la musique et la conversation, il serait tombé dans un état de stupidité et de délire.

A la cabale des peintres napolitains se joignit celle de l'Espagnolet et de Lanfranc : tous

---

(1) On lui donnait 100 écus romains (500 fr.), pour chaque figure entière, 50 écus pour les demi-figures, et 25 écus pour chaque tête : on lui promettait de plus, à la fin de l'ouvrage, une récompense proportionnée au mérite de son travail.

deux voyaient d'un œil d'envie que le Dominiquin eût été chargé d'une si vaste entreprise, et ils eurent la bassesse de dire que les prix convenus avec lui étaient exorbitants. Cependant on ne traitait alors avec le Dominiquin que comme on l'avait fait avec le Caravage; le Guerchin recevait les mêmes indemnités, et l'on accordait le double au Guide : on alla jusqu'à dire qu'il ne plaçait un grand nombre de figures dans ses tableaux que pour en augmenter le prix. Le Dominiquin, outré de cette inculpation ridicule, eut un jour la faiblesse de chercher à la repousser, en déployant dans une de ses compositions, un voile qui remplissait un très-grand espace. Mais il confondit plus sûrement ses ennemis par les soins qu'il apporta dans toutes les parties de son travail; il y employait un temps si considérable, qu'il détruisait, en quelque façon, tout ce que la convention faite avec les trésoriers de la chapelle eût pu avoir d'avantageux pour lui.

Cependant on l'attaquait de toutes parts : on disait que Lanfranc, dont la facilité était connue, aurait terminé en beaucoup moins de temps cette chapelle. Ce dernier affirmait que la vie entière du Dominiquin ne suffirait pas pour l'achever, et que lui-même serait obligé d'y mettre la dernière main. Bientôt on verra que Lanfranc, immédiatement après la mort de celui dont il osait se croire le rival, parvint au but auquel tendaient tous ses vœux.

On eut recours aux plus perfides moyens pour perdre le Dominiquin ; on gagna le maçon qui préparait les enduits sur lesquels il devait peindre, et l'on fit mêler des cendres avec la chaux qu'il employait, de manière que lorsque le Dominiquin venait à retoucher ses figures, l'enduit du mur se gerçait de tous côtés, et ne lui permettait pas de continuer son travail. Cependant la constance qui l'avait soutenu jusque-là ne l'abandonnait point : il résistait aux dégoûts dont il était sans cesse abreuvé, dans l'espoir que, son ouvrage une fois terminé, on lui rendrait enfin justice.

Il fut obligé de suspendre pendant quelque temps les peintures de la chapelle du Trésor pour s'occuper de plusieurs tableaux que le vice-roi de Naples voulait envoyer en Espagne.

Ses ennemis ne cessaient d'intriguer: l'Espagnolet s'était mis à leur tête. Il fit croire au vice-roi que les ouvrages du Dominiquin faits au premier coup étaient toujours bons, mais qu'il les gâtait à force de les tourmenter et de s'y appesantir. Alors on l'obligea de peindre devant le vice-roi, et il eut de plus l'humiliation de voir l'Espagnolet lui indiquer les parties de ses tableaux qu'il trouvait défectueuses, afin qu'il les retouchât à l'instant.

Sa patience avait été mise à de cruelles épreuves; elle ne pût tenir à ce dernier trait. Au lieu de se rendre au palais, comme de coutume, il sortit un jour de la ville, accompagné d'un de ses élèves, et retourna à Rome. Aussitôt que le vice-roi fut instruit de sa fuite, il fit arrêter sa femme et sa fille, et mettre ses effets en séquestre.

Le Dominiquin sollicita inutilement la liberté de sa famille. Enfin, voyant qu'il ne pouvait rien obtenir de ceux qui détenaient injustement ce qu'il avait de plus cher, il se décida, après un an d'absence, à retourner à Naples, et s'y rendit pour reprendre ses travaux.

Cette démarche lui fit obtenir la liberté de sa femme et de sa fille, et la permission de les faire partir pour Rome lorsqu'elles le désireraient : mais sa résignation ne put toucher les rivaux implacables que sa supériorité lui avait attirés. On renouvela contre lui les complots odieux qui l'avaient déjà obligé de quitter Naples, ou plutôt on y mit plus d'acharnement que jamais : on corrompit son neveu, homme livré à toutes sortes de vices, qui, l'effrayant par ses emportements et ses menaces, lui faisait redouter une mort funeste. Enfin, après avoir employé trois ans aux peintures de la coupole, et lorsqu'une année de travail eût suffi pour terminer ce grand ouvrage, ses chagrins lui ôtèrent toutes les forces de son esprit. Il n'osait plus se fier à personne, pas même à sa femme; et dans la crainte du poison, il apprêtait lui-même chaque jour sa nourriture. Malgré ses précautions, le 15 avril 1641, dans la soixantième année de son âge, après avoir éprouvé pendant deux jours des douleurs cruelles, il succomba sous le poids dont on l'avait accablé.

Sa mort fut-elle un effet naturel de ses longs chagrins, ou un attentat de ses ennemis? Les historiens contemporains sont partagés à ce sujet. Sa femme assura, dit-on, qu'on avait empoisonné l'eau dont il faisait usage le matin; d'autres autorités, également respectables, attestent que le chagrin seul abrégea ses jours. Dans le doute, il semble naturel d'adopter cette dernière tradition. La timidité, la modestie, l'extrême sensibilité qui caractérisent le Dominiquin, les indignes traitements qu'il essuya dans les principales circonstances de sa vie, suffisaient bien pour le plonger dans une mélancolie mortelle.

Quoi qu'il en soit, par une suite de cette fatalité inexplicable qui le poursuivit sans cesse, sa mort même ne put assouvir la haine de ses persécuteurs. Lanfranc outragea la mémoire de celui dont il avait si cruellement tourmenté l'existence.

A peine le Dominiquin fut-il mort, qu'on abattit les ouvrages qu'il avait commencés, et Lanfranc eut enfin la satisfaction d'y substituer les productions de son pinceau; on n'épargna que les angles et les tableaux placés au-dessous.

Pour mettre le comble à tant d'odieux procédés, on força la veuve et la fille de ce grand peintre à rendre la plus grande partie des sommes avancées pour une entreprise qui lui avait été si funeste.

Son corps fut enterré sans aucun appareil dans la cathédrale de Naples; et peu de temps après, l'Académie de Saint-Luc à Rome lui fit faire un service funèbre digne de lui : son éloge fut prononcé par J. B. Passerini, membre de cette académie; et ce corps respectable n'oublia rien pour honorer la mémoire de l'un des hommes qui ont le plus illustré la peinture.

Le Dominiquin laissa à sa fille un grand nombre de dessins, d'études, de tableaux ébauchés, et environ vingt mille écus romains. Sa jeunesse, sa beauté, des talents agréables, et l'honneur de devoir le jour à un artiste aussi célèbre, la firent rechercher en mariage par plusieurs personnes d'un rang distingué. Elle épousa un gentilhomme originaire de Pesaro.

Le Dominiquin était d'une taille moyenne et épaisse. Il avait le teint blanc, les joues colorées, les yeux bleus, la bouche gracieuse : dans les dernières années de sa vie, ses cheveux blancs, sa manière de se vêtir, où il savait unir le goût à la simplicité, lui donnaient cet extérieur qui commande le respect. Son accueil était affable, sa conversation toujours sérieuse et instructive; mais il se livrait peu, et préférait la solitude à la société. Dans ses heures de loisir, il lisait l'Écriture sainte, l'Histoire, la Mythologie, et s'occupait à modeler de petites figures.

FIN DE LA VIE DU DOMINIQUIN.

TABLE DES PLANCHES

DE L'OEUVRE

DU DOMINIQUIN.

Planche première. Le Portrait de Dominique Zampieri, dit le Dominiquin.

Pl. 2. Le Martyre de saint Sébastien. Figures de grandeur naturelle.

Pl. 3. Sainte Cécile. Figure de grandeur naturelle.

Pl. 4. Sainte Cécile distribue son bien aux pauvres. Figures de grandeur naturelle.

Pl. 5. Sainte Cécile méprise les idoles. Cette peinture est exécutée en *grisaille*.

Pl. 6. La Mort de sainte Cécile. Figures de grandeur naturelle.

Pl. 7. Apothéose de sainte Cécile. Figures de grandeur naturelle.

Pl. 8. La Vierge du Rosaire. Tableau peint sur toile, figures de grandeur naturelle.

Pl. 9. La Vierge présente une pomme d'or a saint Nil et a saint Barthélemy. Cette planche et les dix-huit planches suivantes offrent la collection des sujets que le Dominiquin peignit, par ordre du cardinal *Farnèse*, dans une chapelle annexée à l'église de l'abbaye de *Grotta Ferrata*, à dix milles de Rome. Ils représentent diverses actions de saint Nil et de saint Barthélemy. Ces peintures sont à fresque, et les figures de grandeur naturelle.

Pl. 10. Saint Nil en prière, béni par le Christ. Les deux figures latérales représentent, l'une saint Eustache, l'autre saint Odoard.

Pl. 11. Saint Nil chasse le Démon du corps du fils de Polyeucte, chef de l'armée.

Pl. 12. Saint Nil reçoit la visite de l'empereur Othon III.

Pl. 13. Translation du corps de saint Nil.

Pl. 14. Un des disciples de saint Barthélemy soutient miraculeusement une colonne prête a tomber.

Pl. 15. Saint Barthélemy, par ses prières, préserve de la pluie les moissons de son monastère.

Pl. 16. Saint Adrien; sainte Natalie.

Pl. 17. La Charité; l'Espérance; la Foi; la Prudence.

Pl. 18. La Justice; la Force; la Tempérance; la Renommée.

Pl. 19. Saint Grégoire de Nysse; saint Grégoire de Nazianze; saint Basile le Grand; saint Nicolas.

Pl. 20. Saint Jean Chrysostome; saint Cyrille; saint Jean Damascène; saint Athanase.

Pl. 21. L'Annonciation.

Pl. 22. Saint Jean, saint Marc, évangélistes.

Pl. 23. Saint Matthieu, saint Luc, évangélistes.

Pl. 24. Anges tenant des candélabres.

Pl. 25. Anges tenant divers attributs.

Pl. 26. Le Père éternel dans sa gloire; sainte Françoise, Romaine.

Pl. 27. Sainte Cécile; sainte Agnès.

Pl. 28. Dieu reproche a Adam et Ève leur désobéissance. Tableau sur cuivre.

Pl. 29. Dieu reproche a Adam et Ève leur désobéissance. Tableau peint sur cuivre. Même composition que le précédent, avec quelques changements et suppressions. Celui-ci est beaucoup plus petit.

Pl. 30. Le Baptême de saint Jérôme. Ce tableau et les deux suivants ont été peints à fresque, dans l'église de Saint-Onufre, à Rome, sous le portique. Les figures sont de proportion demi-nature environ.

Pl. 31. Saint Jérôme tenté par le Démon.

Pl. 32. Saint Jérôme flagellé par l'Ange.

Pl. 33. La Communion de saint Jérôme. Figures de grandeur naturelle. Ce célèbre tableau, chef-d'œuvre de l'artiste, et l'un des trois principaux chefs-d'œuvre de l'art, ornait le maître-autel de Saint-Jérôme de la Charité, à Rome.

Pl. 34. La Force. Cette peinture et les trois suivantes sont exécutées à fresque aux quatre angles des pilastres de la coupole de Saint-Charles de'Catenari, à Rome.

Pl. 35. La Tempérance.

Pl. 36. La Prudence.

Pl. 37. La Justice.

Pl. 38. La Vierge, l'Enfant Jésus, saint Jean et saint Pétrone, avec plusieurs groupes d'anges jouant de divers instruments. Figures plus grandes que nature.

Pl. 39. L'Assomption de la Vierge. Figures de grandeur naturelle, peintes à fresque, dans un plafond, à Sainte-Marie *in Transtevere*, à Rome.

Pl. 40. Loth et ses Filles.

Pl. 41. Esther devant Assuérus.

Pl. 42. David danse devant l'Arche.

Pl. 43. Judith présente au peuple la tête d'Holopherne.

Pl. 44. Salomon assis sur son trône, avec sa mère Bethzabée.

Pl. 45. Énée enlève son père Anchise. Figures de grandeur naturelle.

Pl. 46. Un Concert. Figures de grandeur naturelle.

L'Enfant Jésus.

Pl. 47. Sainte Agnès.

Pl. 48. Le Martyre de sainte Agnès. Tableau à l'huile; figures de grandeur naturelle.

Pl. 49. Apollon tue le serpent Python. Cette planche et les neuf suivantes offrent la collection des peintures à fresque que le Dominiquin exécuta pour le cardinal *Aldobrandini*, dans son palais de *Belvedere*, à Frascati, à dix milles de Rome. Elles représentent différents sujets de l'histoire d'Apollon.

Pl. 50. Apollon tue les Cyclopes.

Pl. 51. Midas puni par Apollon.

Pl. 52. Daphné changée en laurier.

Pl. 53. Cyparisse changé en cyprès.

Pl. 54. La Tête et la Lyre d'Orphée jetées dans l'Èbre.

Pl. 55. Apollon et Neptune s'unissent a Laomédon pour élever les murs de Troie.

Pl. 56. Apollon garde les troupeaux d'Admète.

Pl. 57. Apollon tue Coronis.

Pl. 58. Apollon écorche Marsyas.

Pl. 59. Le Triomphe de l'Amour. Petit tableau, peint sur cuivre. Les figures ont environ six pouces de proportion.

Pl. 60. Les Jeux de Diane et de ses Nymphes. Figures de proportion demi-nature.

Pl. 61. La Vocation de saint Pierre et de saint André. Figures de grandeur naturelle. Ce tableau est placé à la voûte de la tribune dans l'église de Saint-André *della Valle*. Il est exécuté à fresque, de même que tous ceux dont le Dominiquin a décoré cette église.

Pl. 62. La Flagellation de saint André. Ce tableau et le suivant sont placés aux deux côtés du précédent. Même proportion.

Pl. 63. Saint André conduit au martyre.

Pl. 64. Saint Luc. Ce groupe et les trois qui suivent, de proportion colossale, sont peints dans la même église aux angles de la coupole, pour laquelle le Dominiquin avait composé des dessins.

Pl. 65. Saint Matthieu.

Pl. 66. Saint Marc.

Pl. 67. Saint Jean.

Pl. 68. La Charité; la Contemplation. Ces deux figures, de grande proportion, sont placées, ainsi que les quatre figures des deux planches suivantes, dans la tribune de l'église de Saint-André *della Valle* : elles accompagnent les divers sujets tirés de la vie de ce saint.

Pl. 69. La Foi; la Force.

Pl. 70. La Pauvreté volontaire; la Religion.

Pl. 71. La Flagellation de saint André. Figures de grandeur naturelle. Le Dominiquin, jeune encore, exécuta ce tableau à fresque, dans une chapelle de l'église de Saint-Grégoire, sur le mont *Cœlius*, hors des portes de Rome.

Pl. 72. La Glorification de saint André. A Saint-André *della Valle*, au-dessus des trois tableaux de la vie de ce saint. Figures de grandeur naturelle.

Pl. 73. Saint Jean montre le Messie. Figures de grandeur naturelle, à Saint-André *della Valle*.

Pl. 74. Suzanne et les Vieillards. Tableau de la

galerie de Dusseldorf. Hauteur, huit pieds trois pouces; largeur, dix pieds sept pouces. Figures de grandeur naturelle.

Pl. 75. Suzanne et les Vieillards. Ce tableau, de même que le précédent, avait été fait pour M. *Agucchi.*

Pl. 76. Latone allaite Diane et Apollon. Ce tableau et les six qui suivent forment la collection des peintures que le Dominiquin exécuta à fresque au château de *Bassano.*

Pl. 77. Pan offre a Diane la dépouille de ses troupeaux.

Pl. 78. Diane délivre un Berger.

Pl. 79. Diane et Endymion.

Pl. 80. Diane change Actéon en cerf.

Pl. 81. Diane soustrait Iphigénie a la mort.

Pl. 82. Génies avec les attributs de Diane.

Pl. 83. L'Ange gardien.

Pl. 84. David chante les louanges du Seigneur.

Pl. 85. Saint Jean l'évangéliste; une Sibylle. Peints sur toile.

Pl. 86. La Communion de la Madeleine.

Pl. 87. Saint Pierre délivré de prison par un Ange. Figures d'environ quatre pieds. C'est le tableau que M. *Agucchi* fit faire secrètement par le Dominiquin, pour désabuser le cardinal *Agucchi*, son frère, qui avait jugé défavorablement des talents de ce peintre. (Voyez sa vie.) Ce tableau, l'un de ses premiers ouvrages, est à Rome, dans le monastère de Saint-Pierre *in Vincoli.*

Pl. 88. Le Ravissement de saint Paul. Peint sur cuivre; hauteur dix-huit pouces, sur quatorze pouces de largeur.

Pl. 89. Un Ange présente des couronnes a sainte Cécile et a saint Valerian. Cette peinture à fresque est à Rome, dans la chapelle de Sainte-Cécile, *à Saint-Louis des Français.*

Pl. 90. Sainte Cécile. Au palais *Rospigliosi*, à Rome. Peint à l'huile. Figures de moyenne proportion.

Pl. 91. Sainte Cécile.

Pl. 92. Saint Jérôme. Ce tableau, peint sur cuivre, a dix-huit pouces de haut sur quatorze pouces de large.

Pl. 93. Saint François, peint sur cuivre: hauteur dix huit pouces; largeur quatorze pouces.

Pl. 94. La Vierge présente l'enfant Jésus a saint Antoine de Padoue. Ce tableau, peint sur cuivre, est précieux pour le fini du pinceau, pour la douceur et la grâce des expressions.

Pl. 95. Martyre de deux saints. Dessin de la galerie d'Apollon.

Pl. 96. Apparition de saint Janvier. Dessin au crayon noir, rehaussé de blanc, sur papier de couleur.

Pl. 97. Plafond du palais Costaguti, à Rome. Cette célèbre fresque, dont les figures sont de grandeur naturelle, décore l'une des six chambres du premier étage de ce palais.

Pl. 98. Apollon conduisant son char.

Pl. 99. Le Temps fait triompher la Vérité.

Pl. 100. Enfants ailés, portant les attributs d'Apollon.

Pl. 101. Enfants ailés, portant divers attributs.

Pl. 102. L'Annonciation.

Pl. 103. La Nativité.

Pl. 104. La sainte Famille, dite *Vierge à la coquille*, parce que la Vierge assise près d'une source y puise avec une coquille.

Pl. 105. La sainte Famille.

Pl. 106. Jésus chez Marthe et Marie. Composition capitale et l'une des plus agréables du Dominiquin.

Pl. 107. Jésus au jardin des Oliviers.

Pl. 108. Le Couronnement d'épines. Figure de neuf à dix pouces de proportion.

Pl. 109. Jésus-Christ portant sa croix. Peint sur cuivre: vingt pouces de haut sur vingt-cinq de large.

Pl. 110. L'Assomption.

Pl. 111. Timoclée devant Alexandre. Ce tableau, peint sur toile, a trois pieds six pouces de haut, sur quatre pieds huit pouces de large.

Pl. 112. Narcisse. Figure de grandeur naturelle.

Pl. 113. Hercule et Cacus. Ce beau paysage et celui qu'offre la planche suivante sont peints sur toile; ils ont l'un et l'autre quatre pieds sept pouces de large, sur trois pieds sept pouces de haut.

Pl. 114. Combat d'Hercule et d'Achélous.

Pl. 115. La Mort d'Hyacinthe. L'original est à Rome, peint à fresque.

Pl. 116. Bain de Nymphes. Dessin à la plume.

Pl. 117. Scène champêtre.

Pl. 118. Saint Jérôme dans le Désert. Dix-sept pouces de haut sur vingt-deux pouces de large.

Pl. 119. La Fuite en Égypte. Le Dominiquin a placé dans ce paysage des figures de fantaisie. La sainte Famille est sur le premier plan. Cinq pieds de haut, sur six pieds et demi de large.

Pl. 120. Vue des environs de Rome. Dessin.

Pl. 121. La Naissance de la Vierge. Ce tableau et les quatorze suivants représentent les principales circonstances de la vie de Marie. Le Dominiquin les peignit à fresque au dôme de la chapelle Nolfi, dans l'église de Fano, ville située à vingt-cinq milles de Rome.

TABLE DES PLANCHES DE L'OEUVRE DU DOMINIQUIN.

Pl. 122. La Présentation de la Vierge.
Pl. 123. Le Mariage de la Vierge et de saint Joseph.
Pl. 124. L'Annonciation.
Pl. 125. La Visitation.
Pl. 126. L'Adoration des Bergers.
Pl. 127. L'Adoration des Mages.
Pl. 128. La Présentation de Jésus-Christ au Temple.
Pl. 129. La Circoncision de Notre-Seigneur.
Pl. 130. La Fuite en Égypte.
Pl. 131. Le Christ au tombeau.
Pl. 132. La Mort de la Vierge.
Pl. 133. L'Assomption.
Pl. 134. La Vierge couronnée dans le Ciel.
Pl. 135. La Vierge au milieu d'un choeur d'Anges.
Pl. 136. L'Éternel dans sa gloire.
Pl. 137. Le Martyre de saint Étienne.
Pl. 138. Myrrha métamorphosée en arbre.
Pl. 139. Les Fureurs d'Hercule.
Pl. 140. Hercule et Omphale.
Pl. 141. Le Martyre de saint André, d'après un dessin.
Pl. 142. Renaud et Armide.
Pl. 143. Le Christ au tombeau.
Pl. 144. Lucrèce; Circé.
Pl. 145. Sainte Catherine; les saintes Femmes; d'après deux dessins tracés à la plume.
Pl. 146. Nymphe caressant une Licorne.
Pl. 147. Sujet pastoral, d'après un dessin à la plume.
Pl. 148. Jésus-Christ tenté par le Diable. Dessin à la plume.
Pl. 149. La Fuite en Égypte, d'après un dessin à la plume.
Pl. 150. Un paysage traversé par une rivière, où l'on voit des pêcheurs.
Pl. 151. Paysage.
Pl. 152. Paysage.
Pl. 153. La Fuite en Égypte.

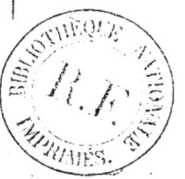

FIN DE LA TABLE DES PLANCHES DE L'OEUVRE DU DOMINIQUIN.

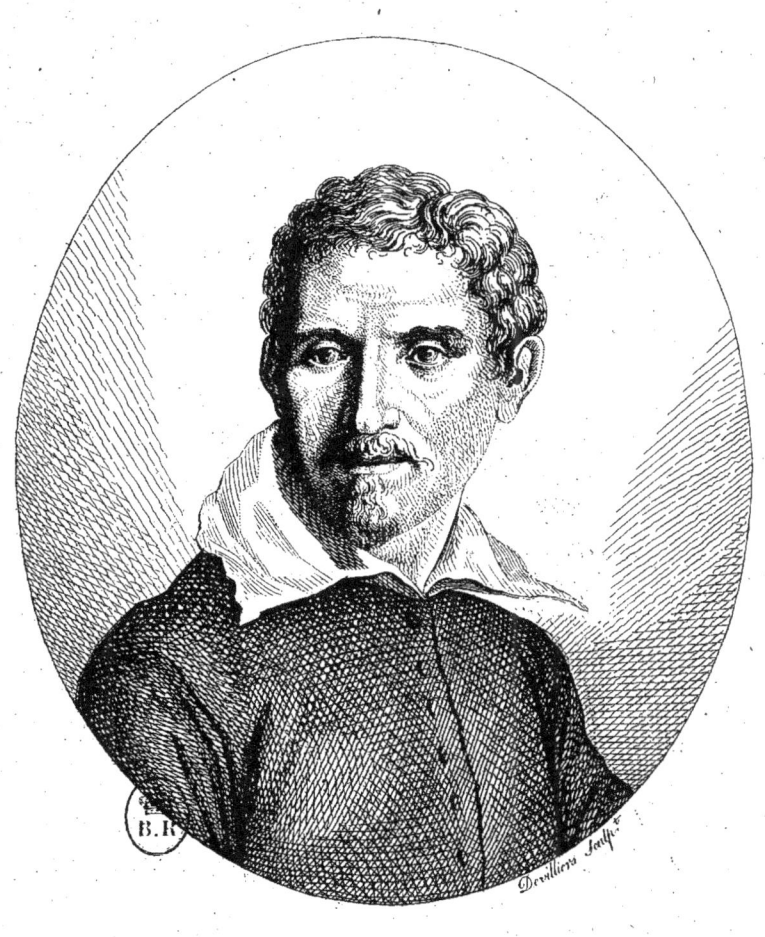

Domenico Zampieri.

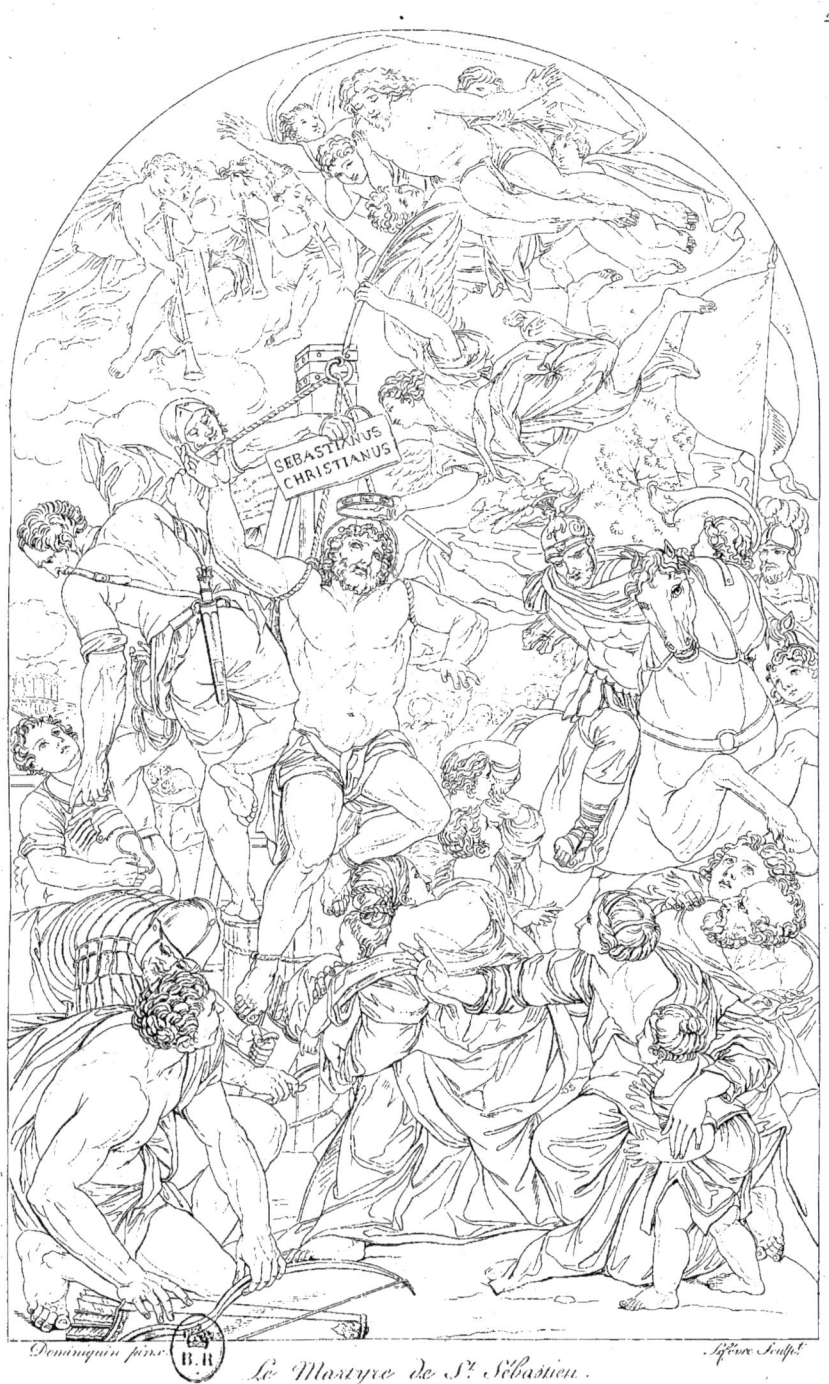

Le Martyre de St. Sébastien.
Märtyrer-tod des h.gen Sebastian.
St. Sebastian's Martyrdom.

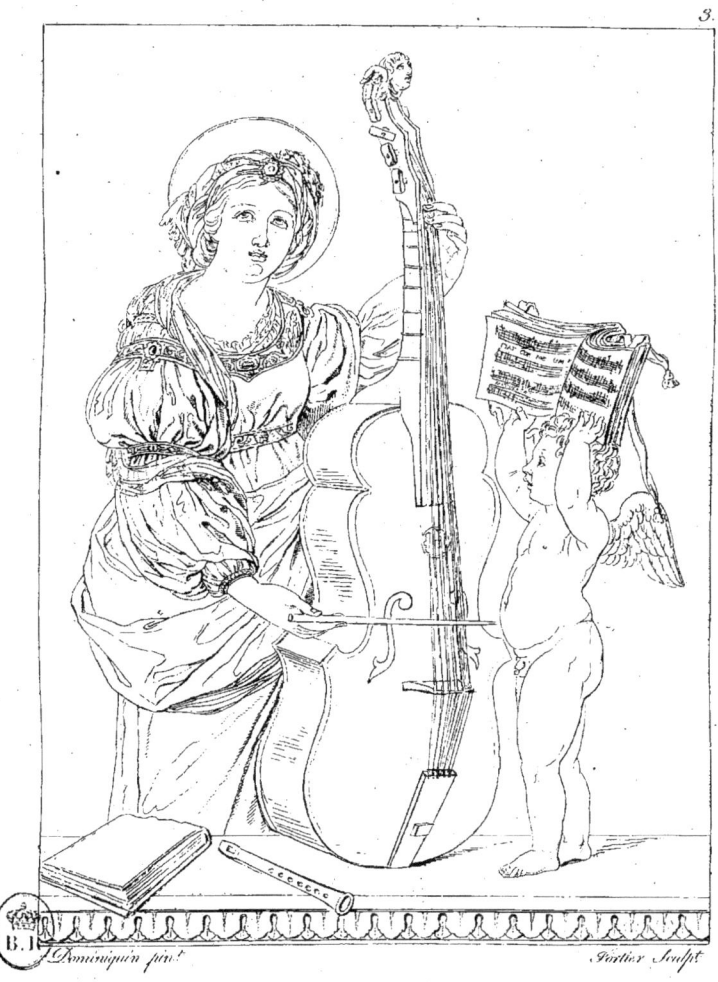

Ste Cécile. — Die Hge Cecilia. — St Cecilia.

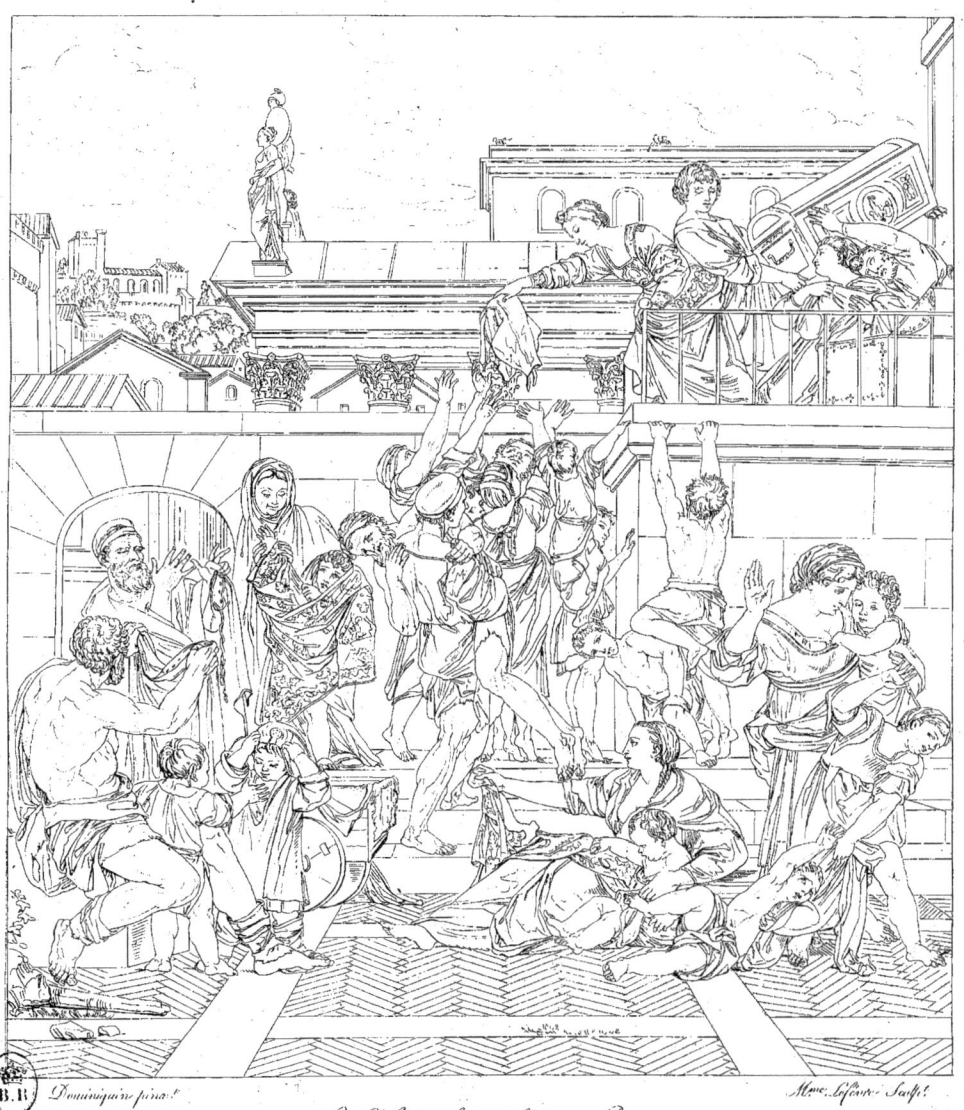

Ste Cécile distribue son bien aux Pauvres.
Die Hte Cecilia vertheilt ihr Vermögen unter den Armen.
Sta Cecilia distributes her Wealth among the Poor.

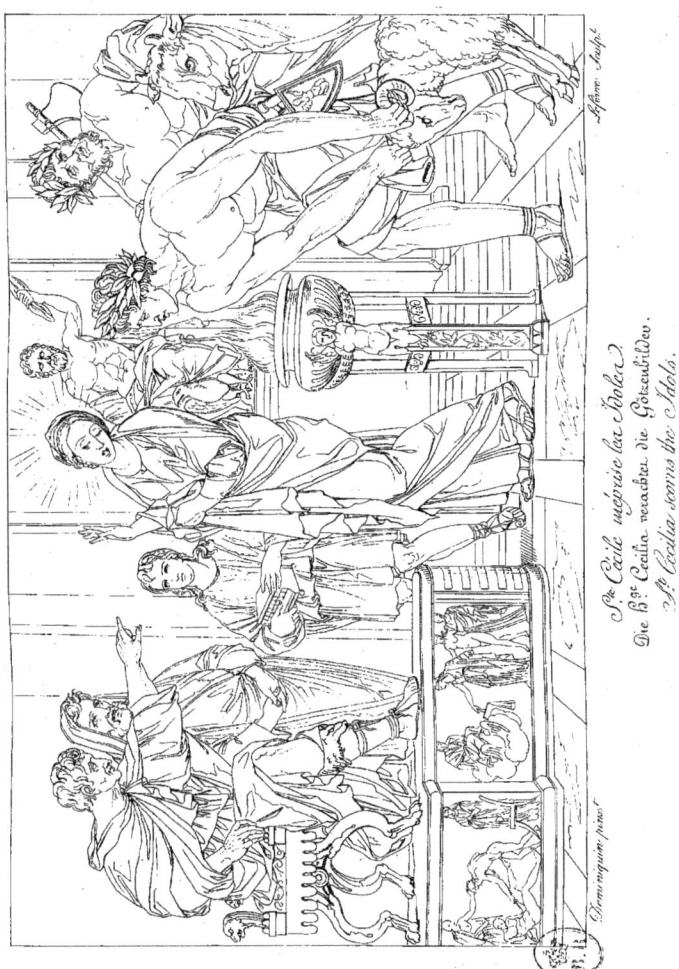

Ste Cécile méprise les Idoles.
Die Hl. Cæcilia verachtet die Götzenbilder.
S.t Cecilia scorns the Idols.

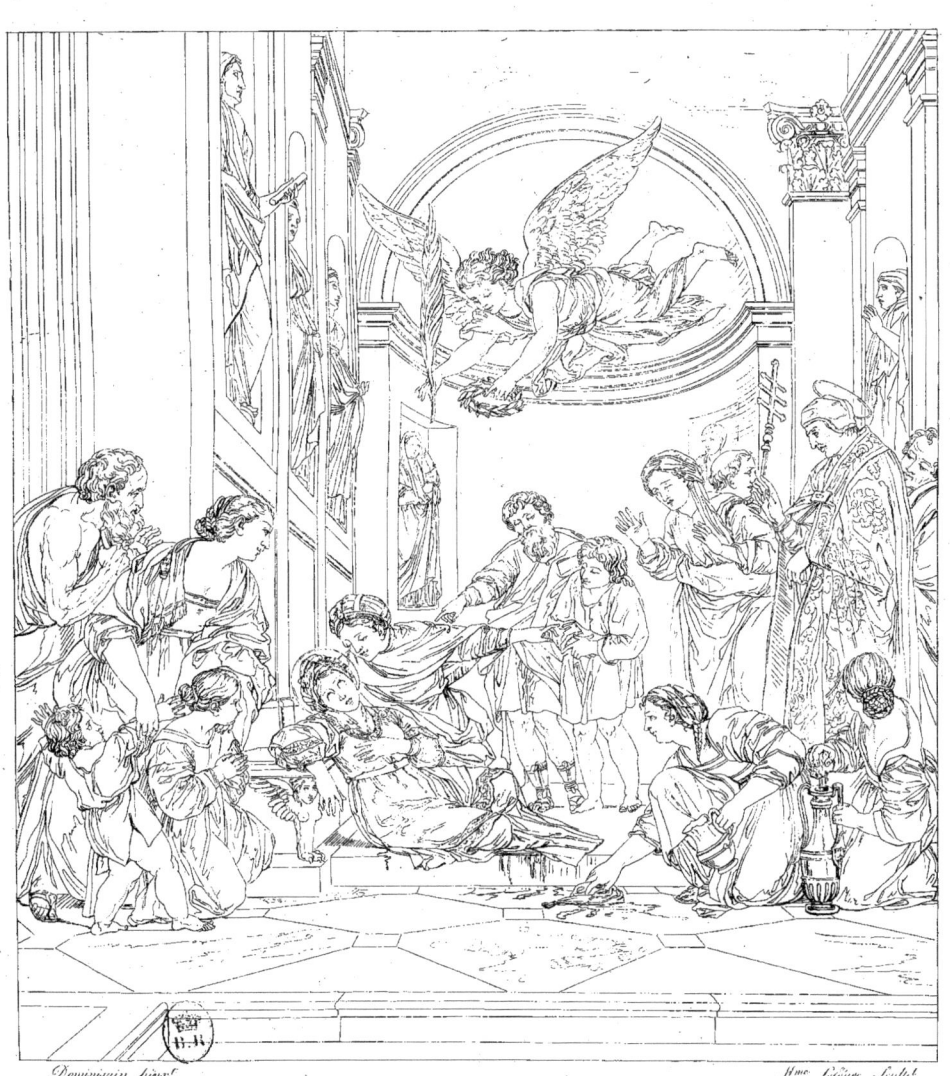

Mort de S.te Cécile.
Tod der h.gen Cecilia.
S.t Cecilia's Death.

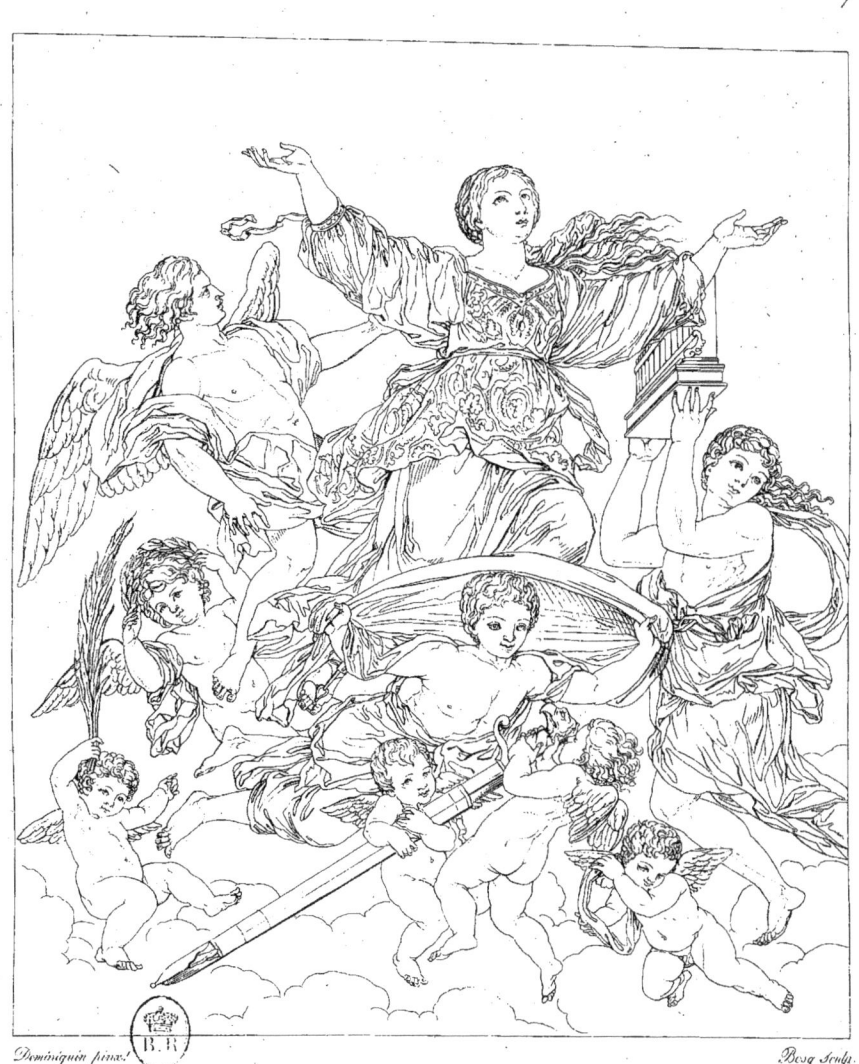

Apothéose de S.te Cécile.
Vergötterung der H.gen Cecilia.
S.t Cecilia's Apotheosis.

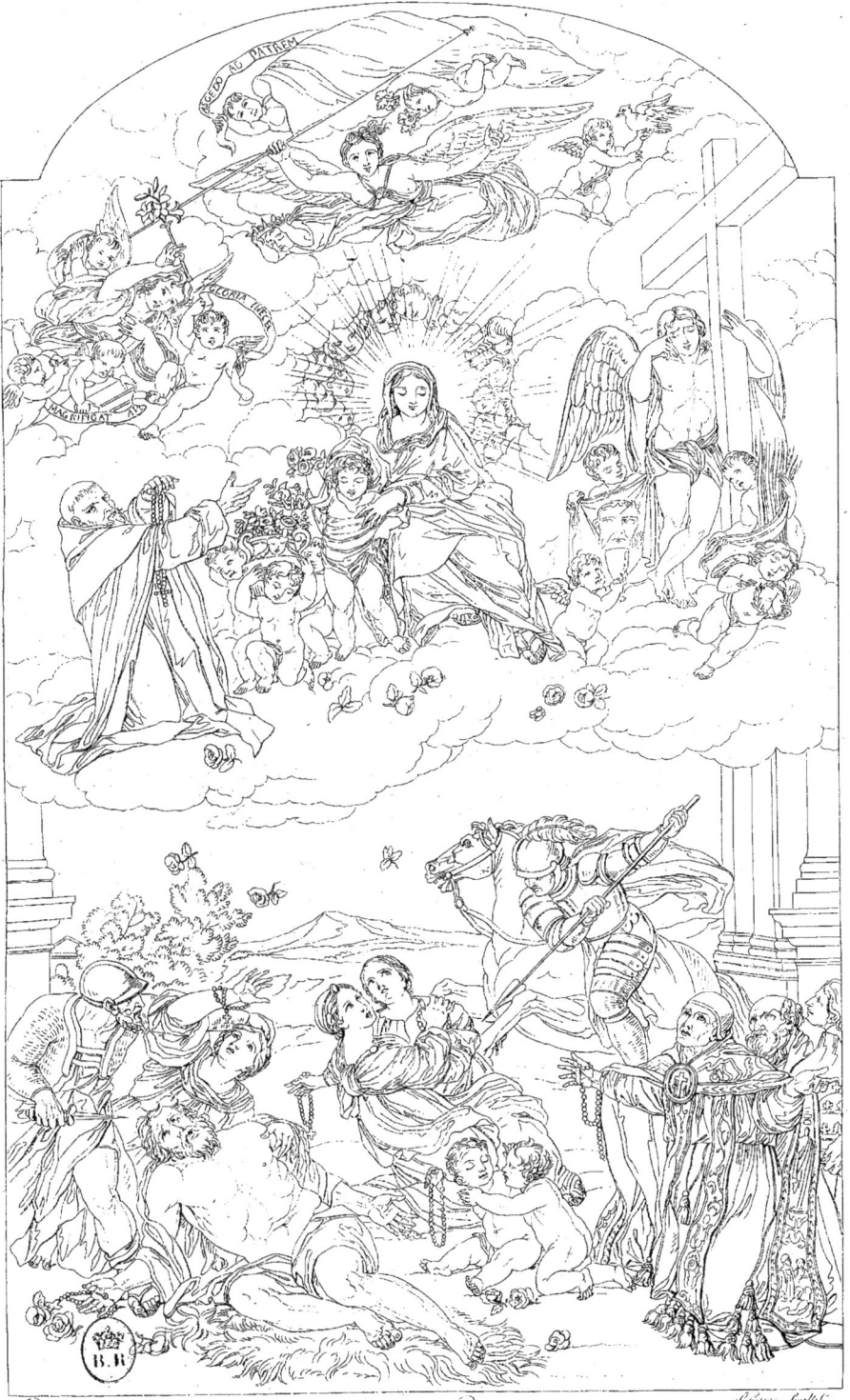

La Vierge du Rosaire.
Die Jungfrau vom Rosen-Kranz.
The Rosary Virgin.

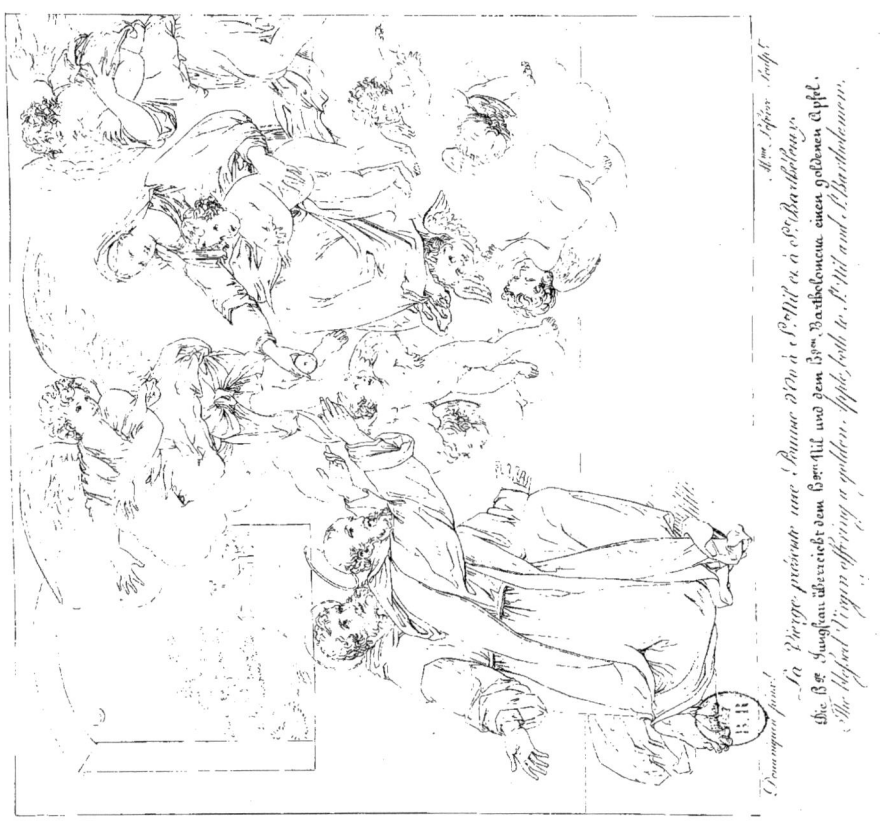

Domenique pinxt. Mme Soyer sculp.

La Vierge présente une Pomme d'or à S.t Phil. et à S.t Barthélemy.
Die Bg.te Jungfrau überreicht dem S.t Phil. und dem B.t Bartholomeus einen goldenen Apfel.
The blefsed Virgin offering a golden Apple, both to S.t Phil. and S.t Bartholomeus.

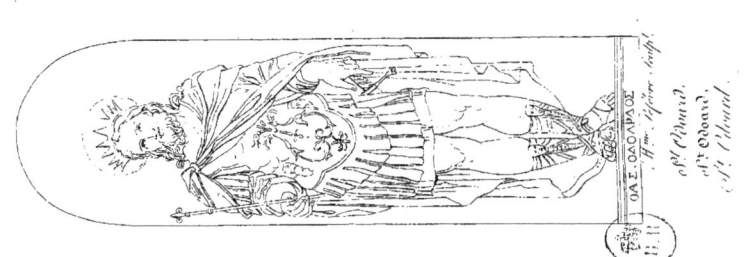

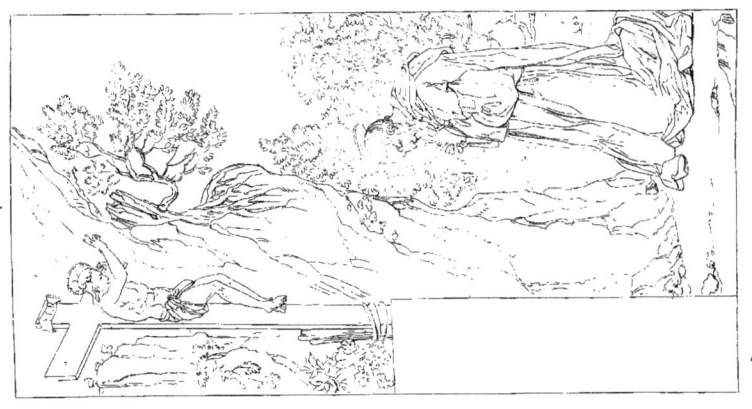

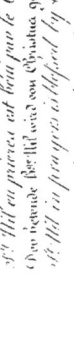

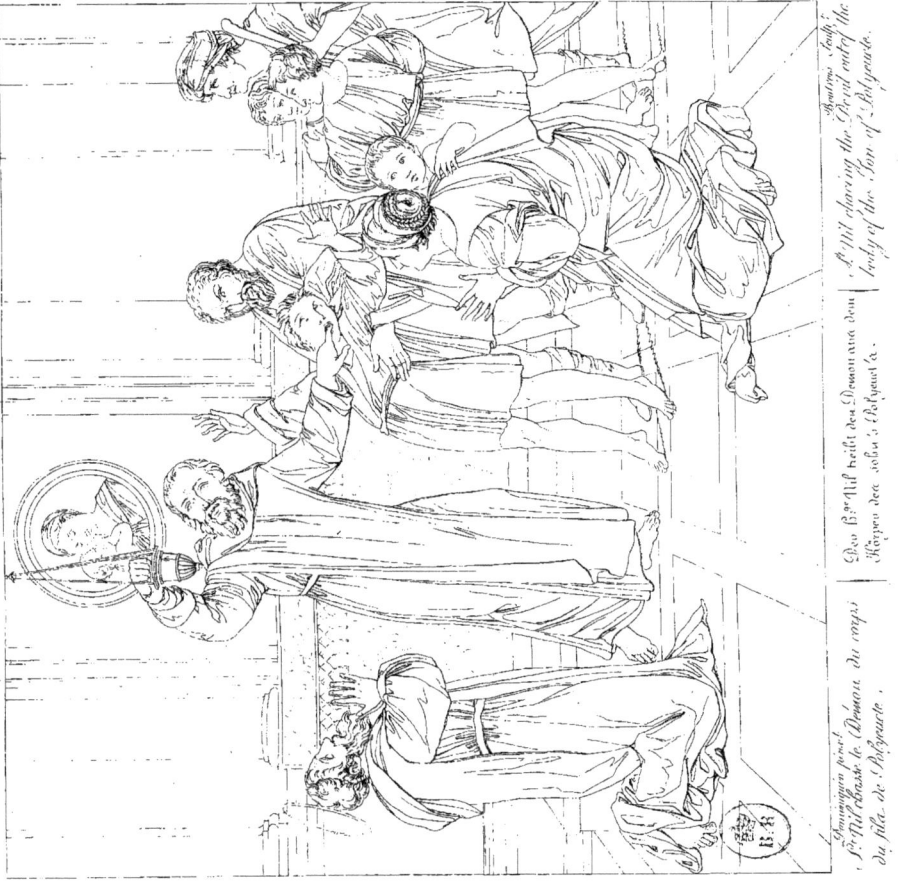

Dominiquin pinxit.   Bartolozzi Sculp.

S.t Nicholas de Demon du corps | Der B.r Nic: treibt den Demon aus dem | S.t Nic. chacing the Devil out of the
du fils de Polyeucte. | Körper des sohns Polyeuct's. | body of the Son of S.t Polyeucte.

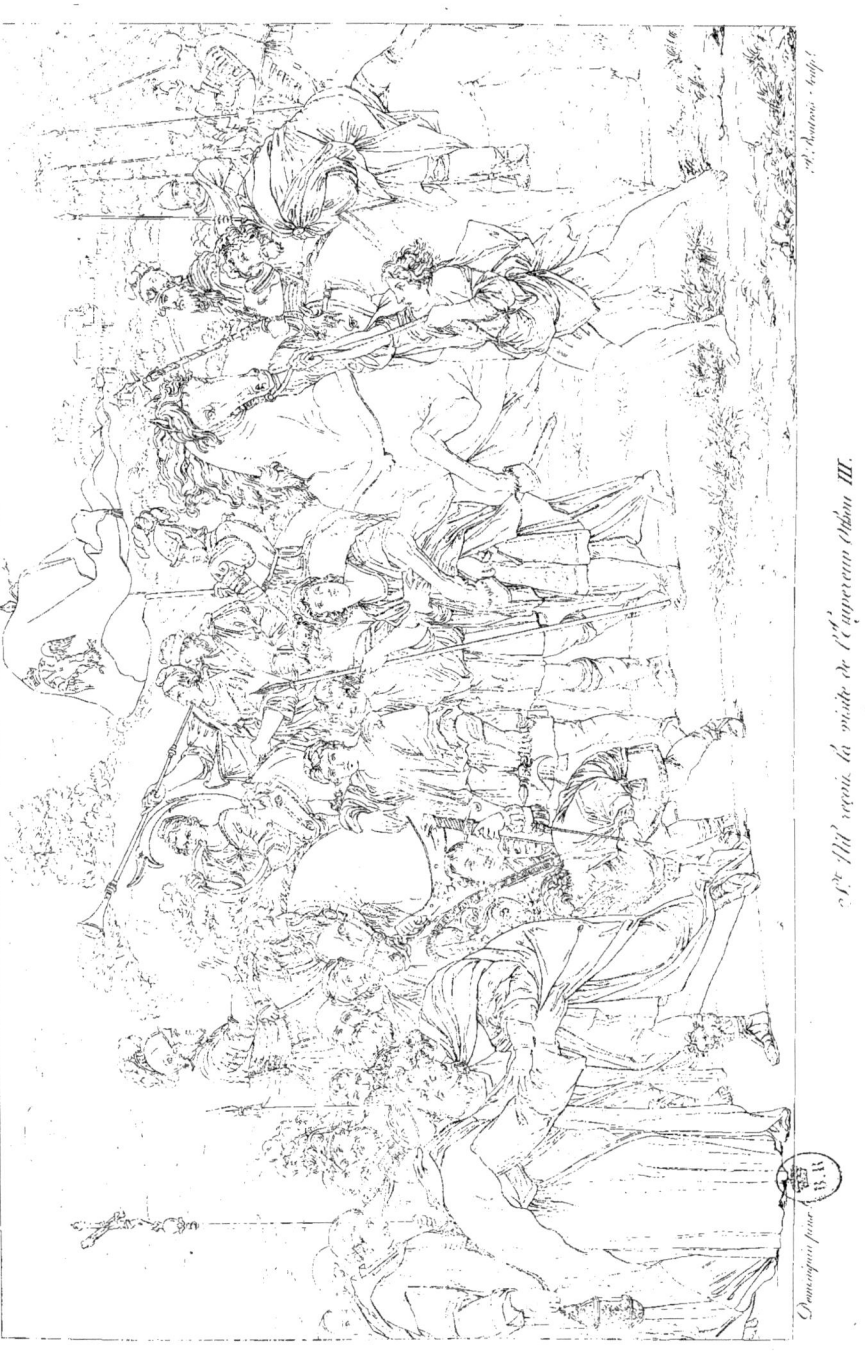

S.t Adalbert reçoit la visite de l'Empereur Othon III.
Der h. Adalbert empfängt den Besuch des Kaisers Otto des 3.ten
S.t Adalbert receiving the visit of the Emperor Othon the third.

Domenquin pinx.t   A. Bartsch sculp.t

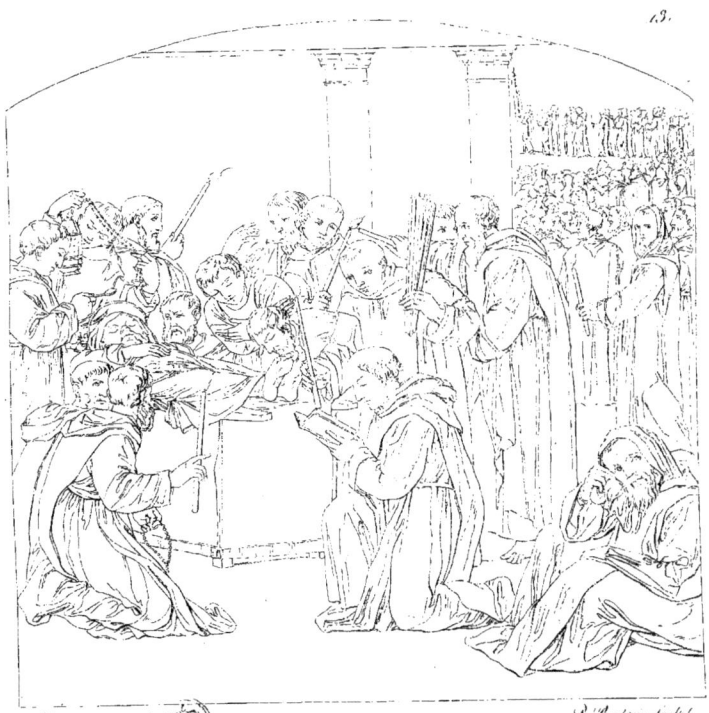

Translation du Corps de St. Nil.
Die Wegbringung des Körpers des Hn. Nil.
The Removal of St. Nil's body.

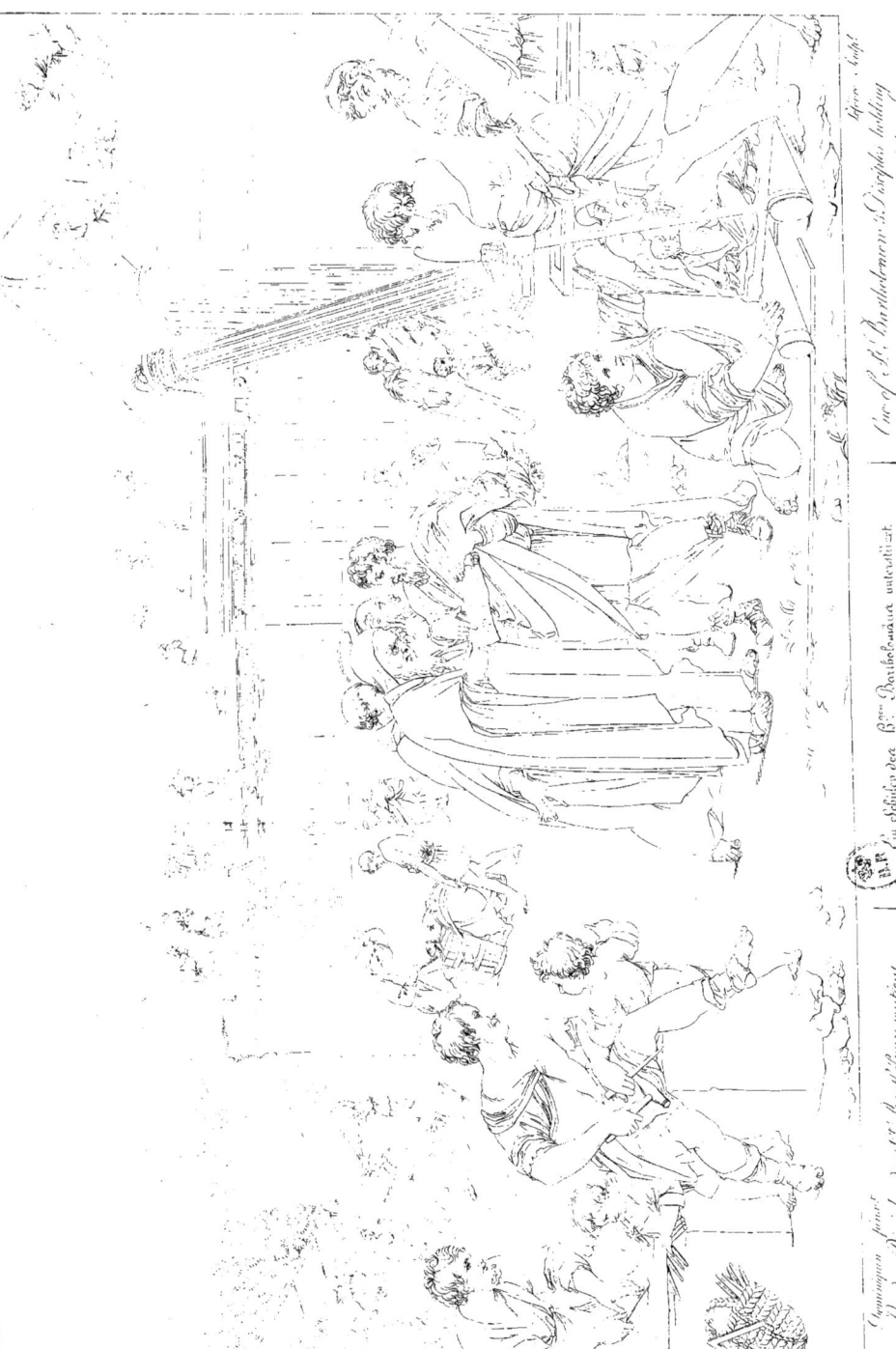

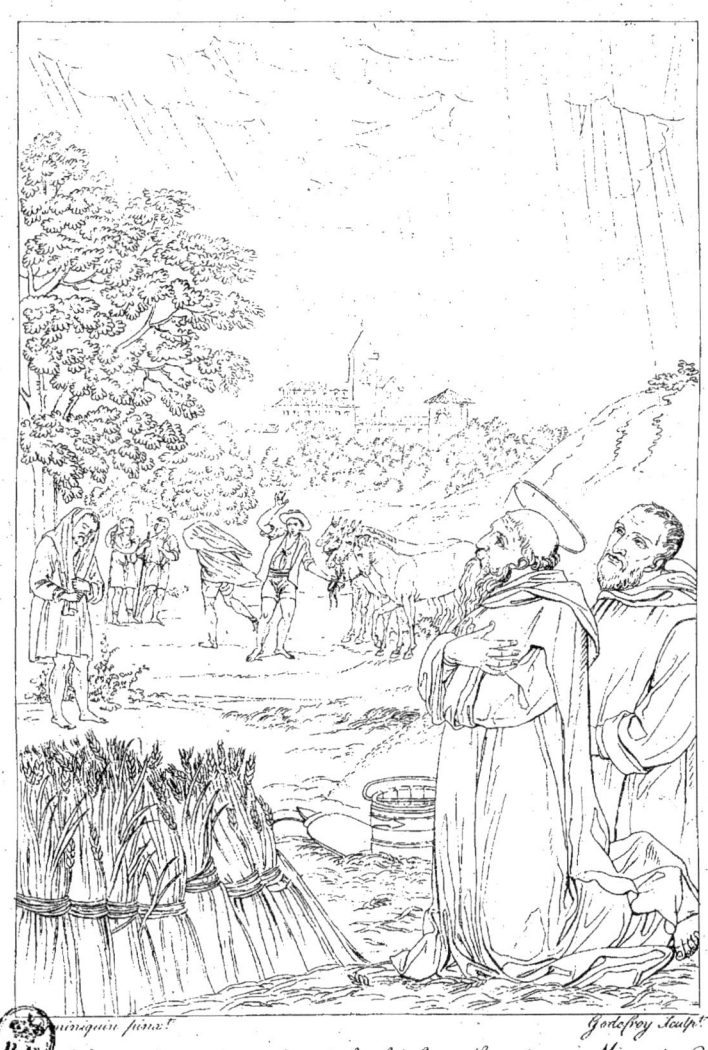

St. Bartholomew, by his prayers preserves, his Monastery's harvests from the ruin.

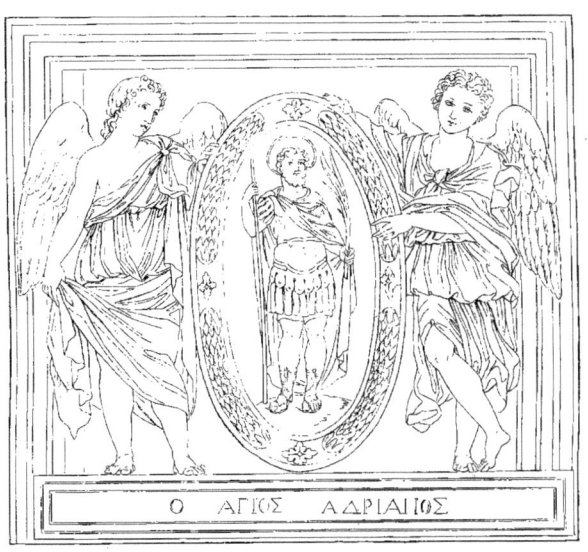

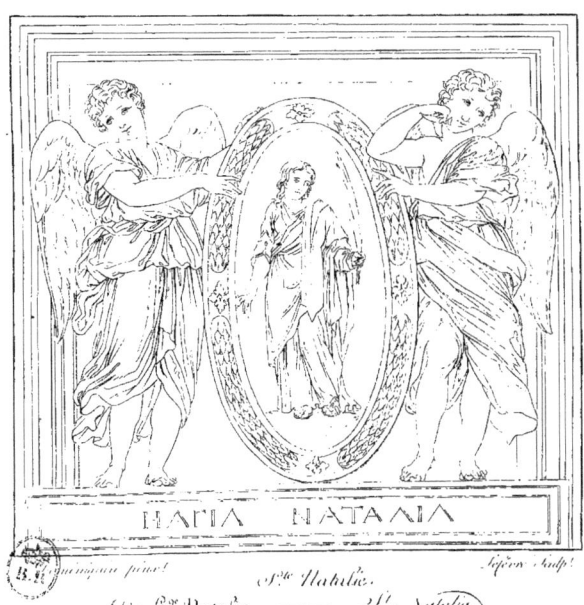

la Charité.   L'Espérance.
Die Mildthätigkeit. — Charity.   Die Hoffnung. — Hope.

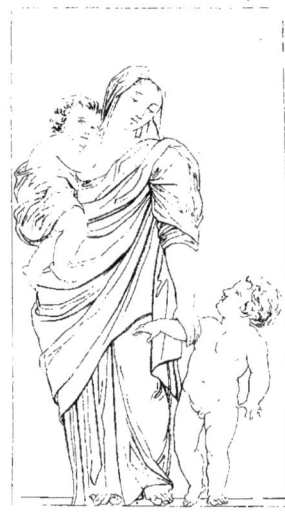
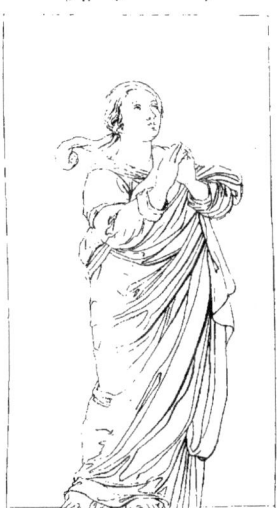

la Foi.   la Prudence.
Der Glauben. — Faith.   Die Klugheit. — Prudence.

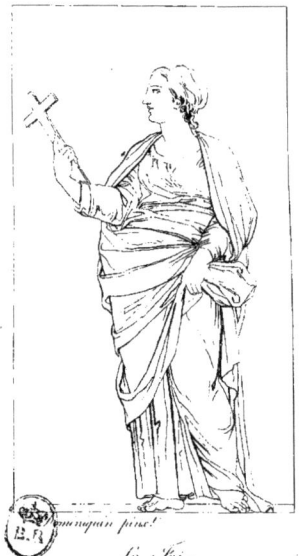

La Justice. Die Gerechtigkeit. Justice.   La Force. Die Stärke. Strength.

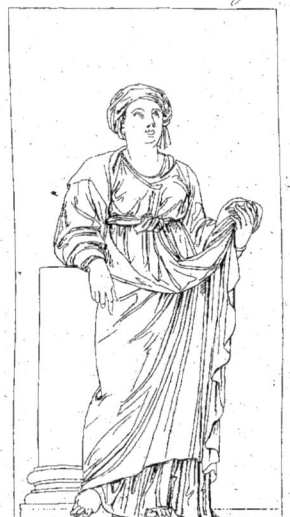

Dominiquin pinx.^t   Boutrois Sculp.^t
La Tempérance.   La Renommée.
Die Mässigkeit. — Temperance.   Der Ruhm. — Fame.

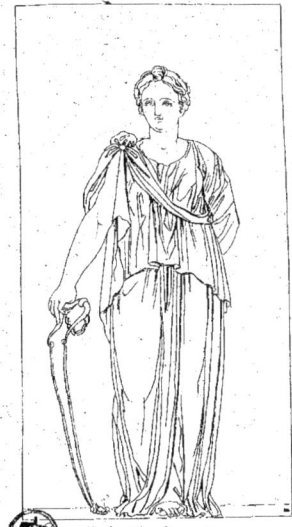
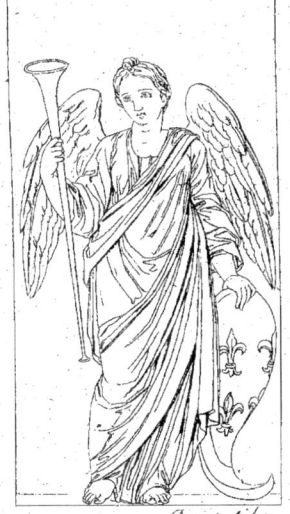

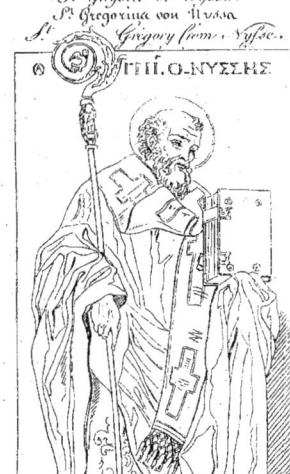

St. Grégoire de Nysse.
St. Gregorina von Nyssa.
St. Gregory from Nysse.

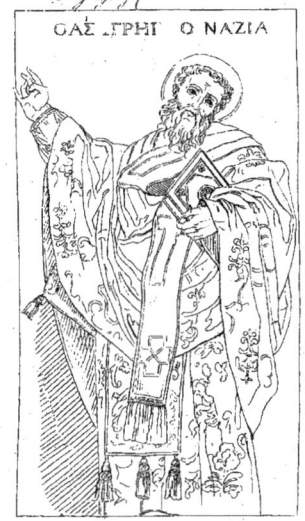

St. Grégoire de Nazianze.
St. Gregorina von Nazianze.
St. Gregory from Nazianze.

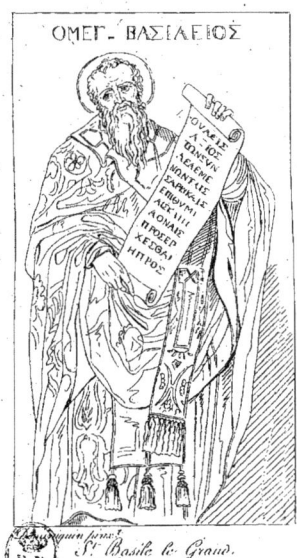

St. Basile le Grand.
St. Basil der Grosse.
St. Basilius the Great.

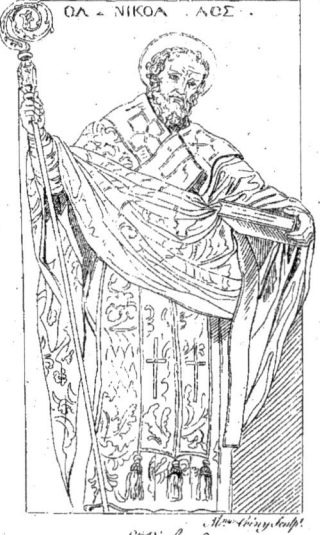

St. Nicolas.
St. Nicolaus.
St. Nicholas.

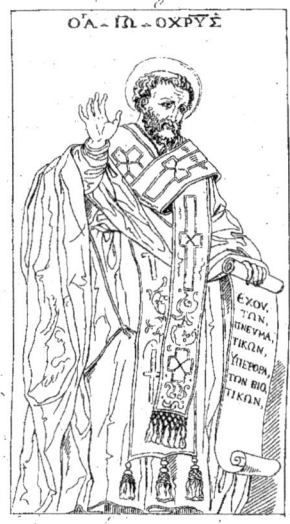

St. Jean Chrysostome.
St. Johannes Chrysostomus.
St. John Chrysostom.

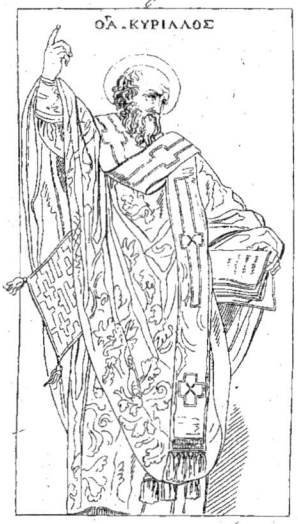

St. Cyrille.
St. Cyrillus.
St. Cyril.

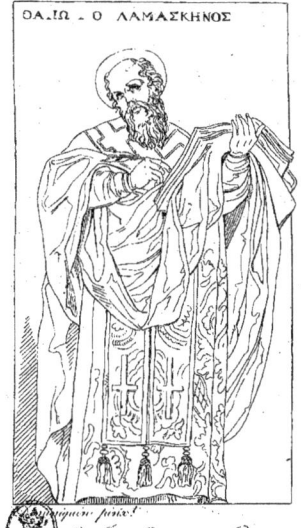

St. Jean Damascène.
St. Johannes von Damascena.
St. John Damascene.

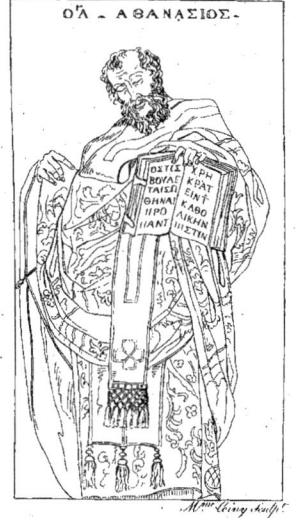

St. Athanase.
St. Athanasius.
St. Athanase.

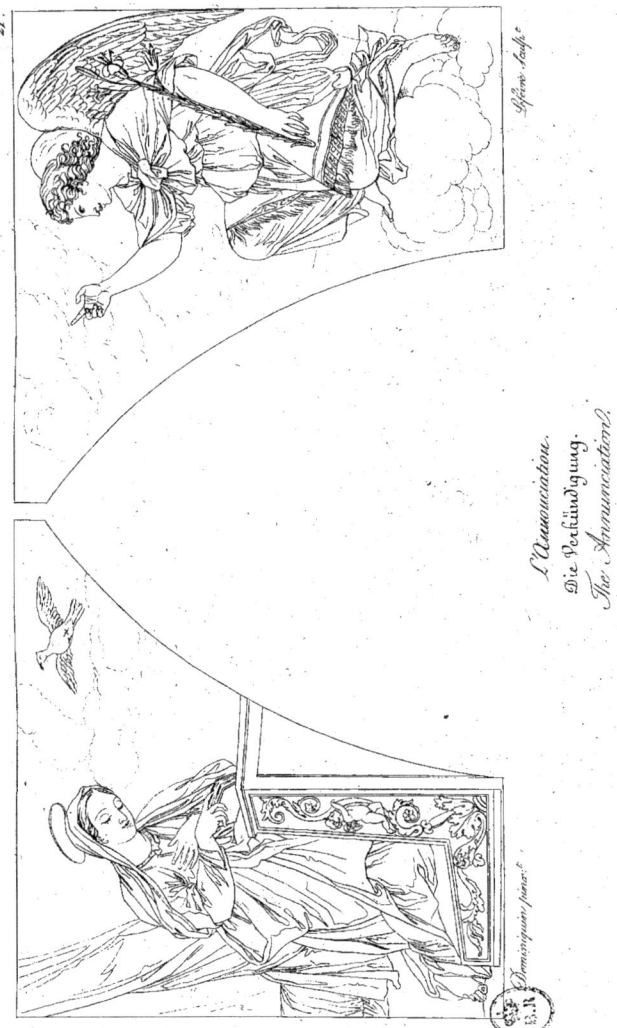

L'Annunciation.
Die Verkündigung.
The Annunciation.

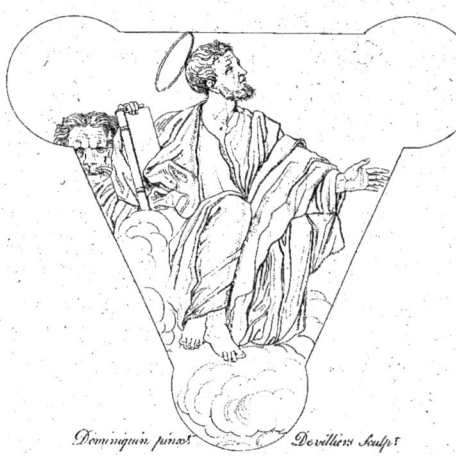

St. Jean.
St. Johannes. — St. John.

Dominiquin pinx.t   Devillers sculp.t

St. Marc.
St. Markus. — St. Mark.

St. Matthieu.
St. Matthäus. — St. Mathews.

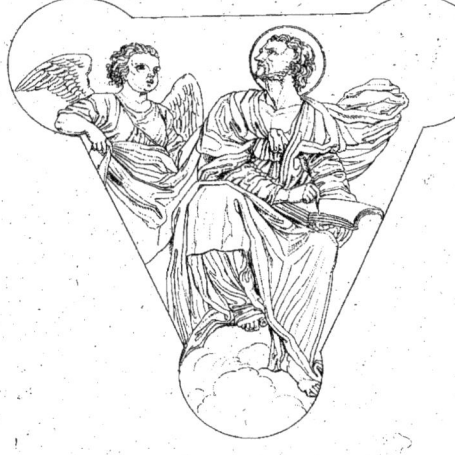

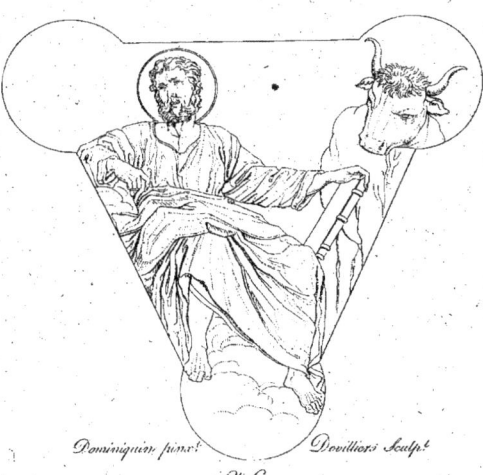

Dominiquin pinx.t   Devilliers Sculp.t
St. Luc.
St. Lucas. — St. Luke.

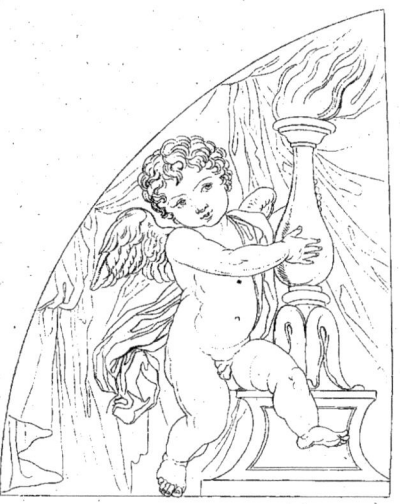
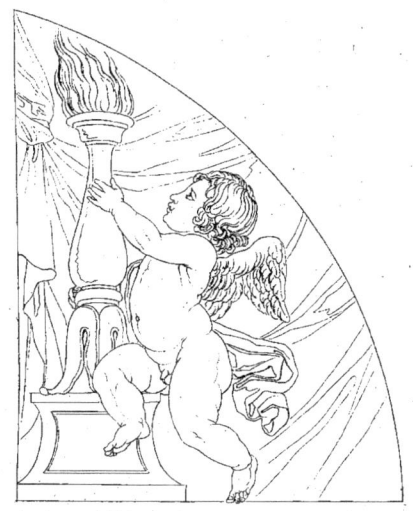
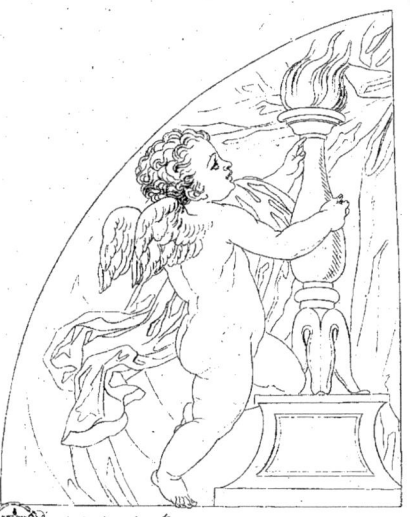
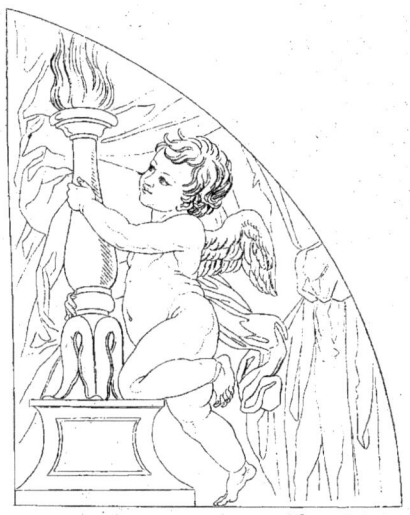

Dominiquin pinx.t   Lefevre Sculp.t

Angeli tenant des Candelabres.
Engel welche Leuchter halten.
Angels holding Candelabras.

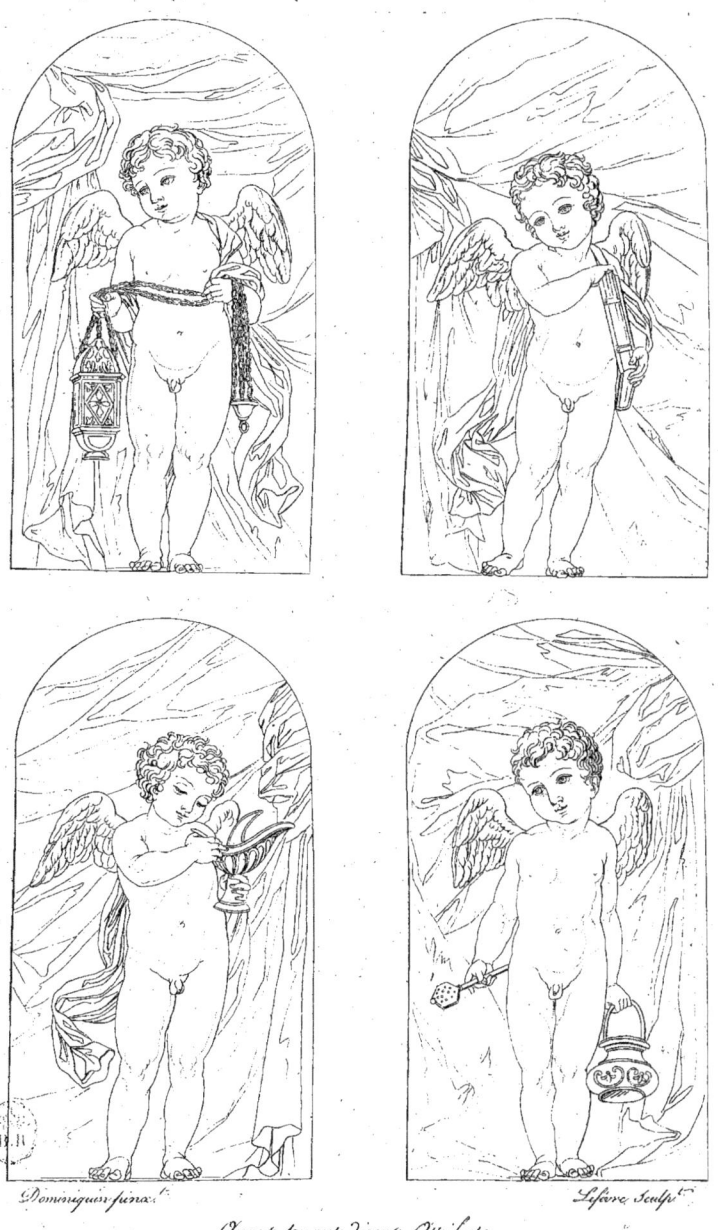

Anges tenant divers Attributs.
Engel welche Mess-Geräthe halten.
Angels holding instruments of the Sacrifice of the Mass.

Le Père Éternel dans sa Gloire.
Gott Vatter in seiner Herrlichkeit.
The Almighty in his Glory.

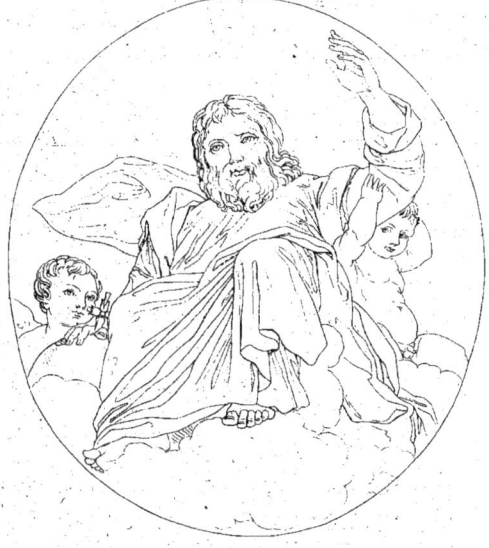

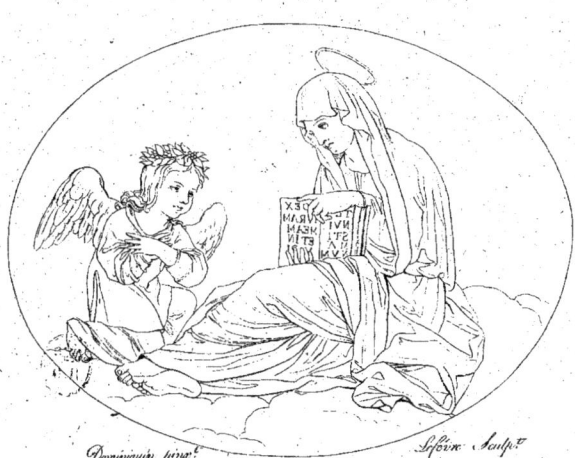

Dominiquin pinx.t   Lefèvre Sculp.t

S.te Françoise Romaine.
Die B.e Francisca aus Rom.
S.t Francis the Roman.

S.te Cécile.
Die H.ge Cecilia. — S.t Cecilia.

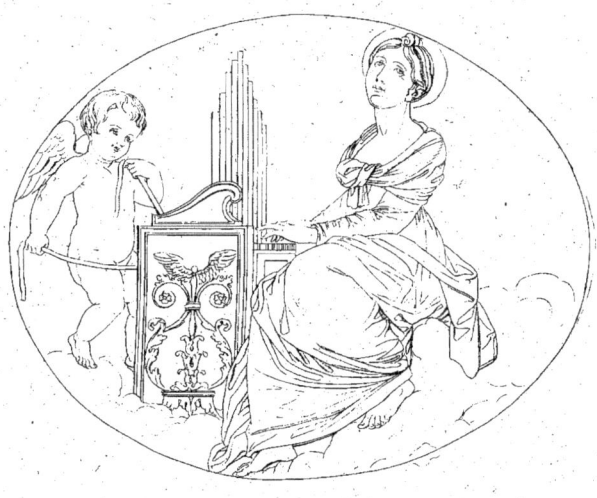

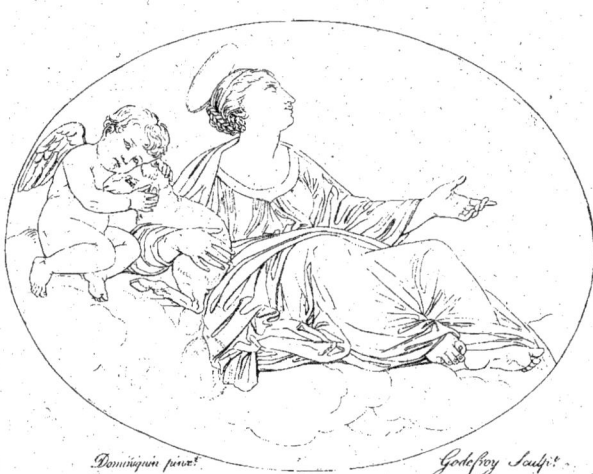

Domminiquin pinx.t — Godefroy Sculp.t

S.te Agnès.
Die H.ge Agnes. — S.t Agnes.

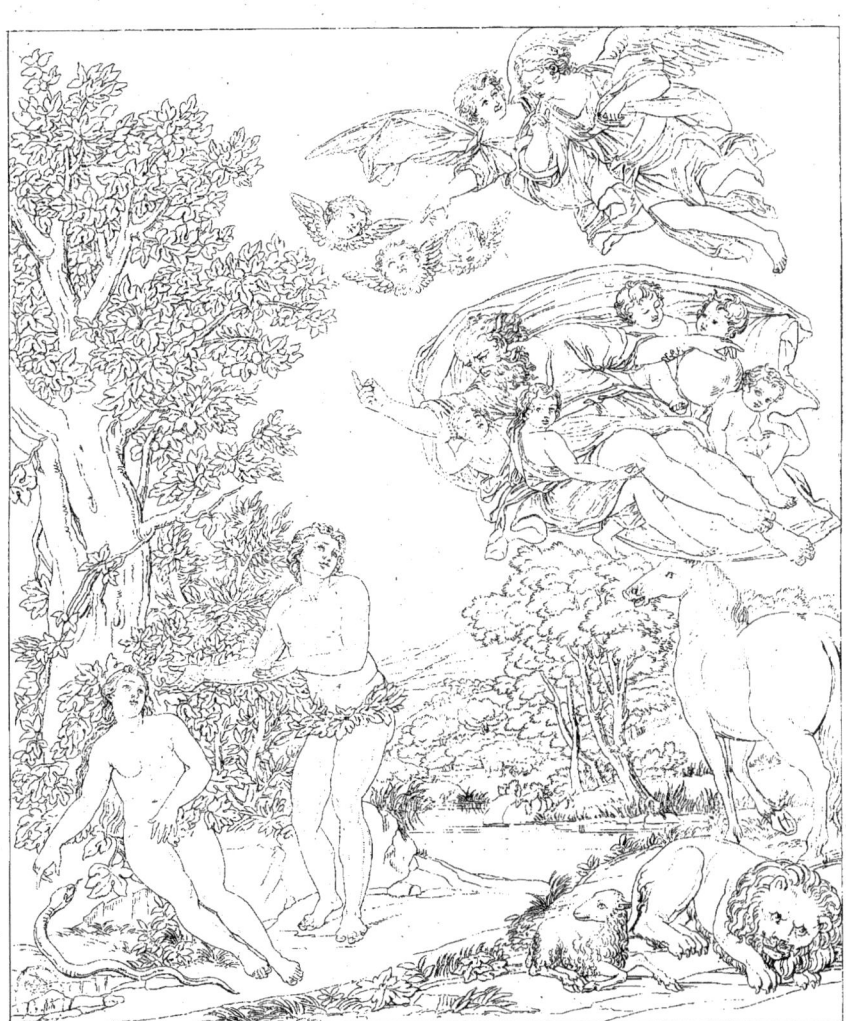

God upbraiding Adam and Eve with their disobedience.

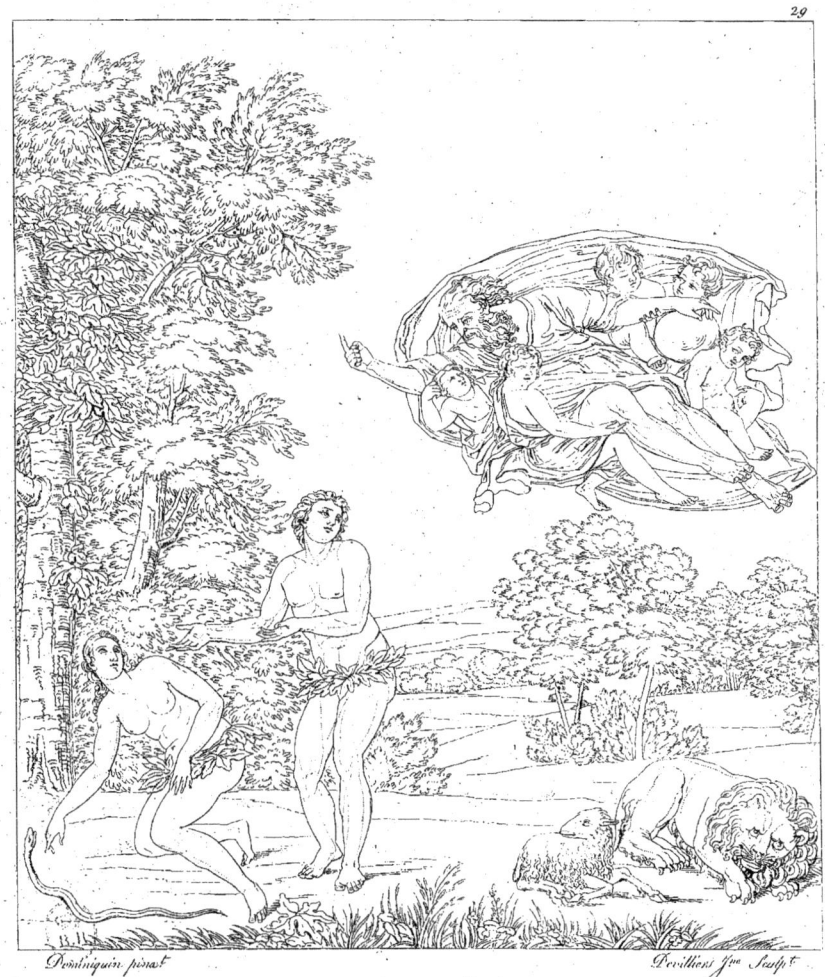

Dieu reproche à Adam et Eve leur désobéissance.
Gott wirft Adam und Eva ihren Ungehorsam vor.
God upbraiding Adam and Eve with their disobedience.

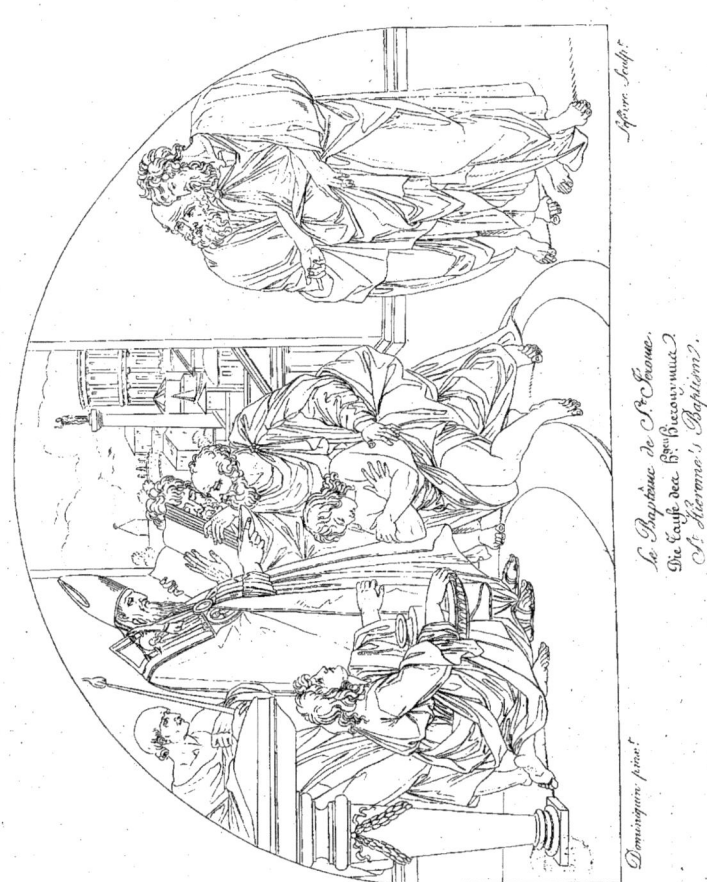

Le Baptême de St Jerome.
Die Taufe des heil: Hieronymus.
St Hieroma's Baptism.

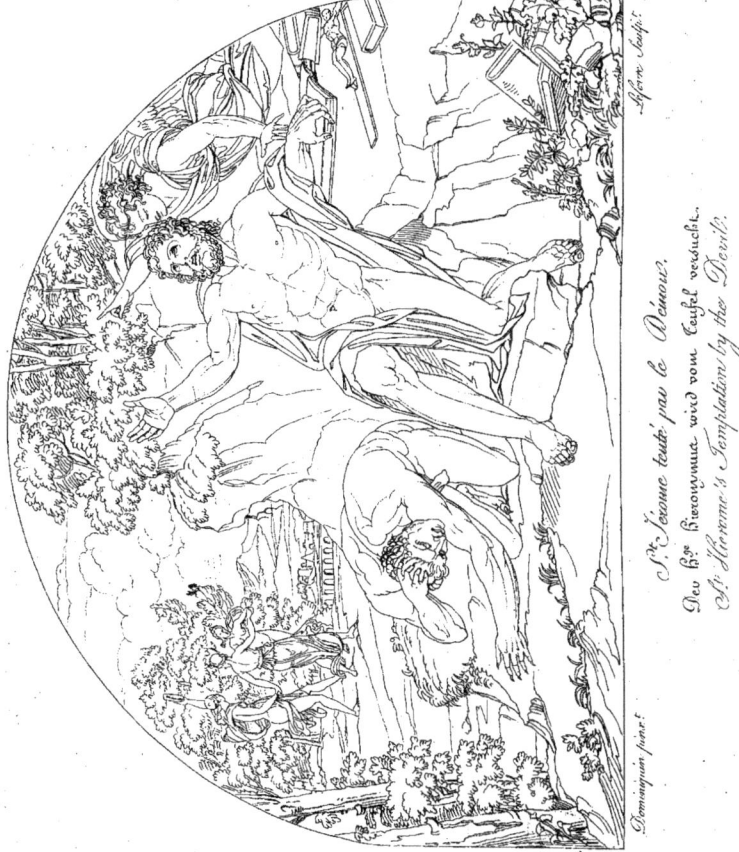

Dominiquin pinxt. Lfarre Sculpt.

S.t Jerome tenté par le Demon.
Der h.g. Hieronymus wird vom Teufel versucht.
S.t Hieronm.s Temptation by the Devil.

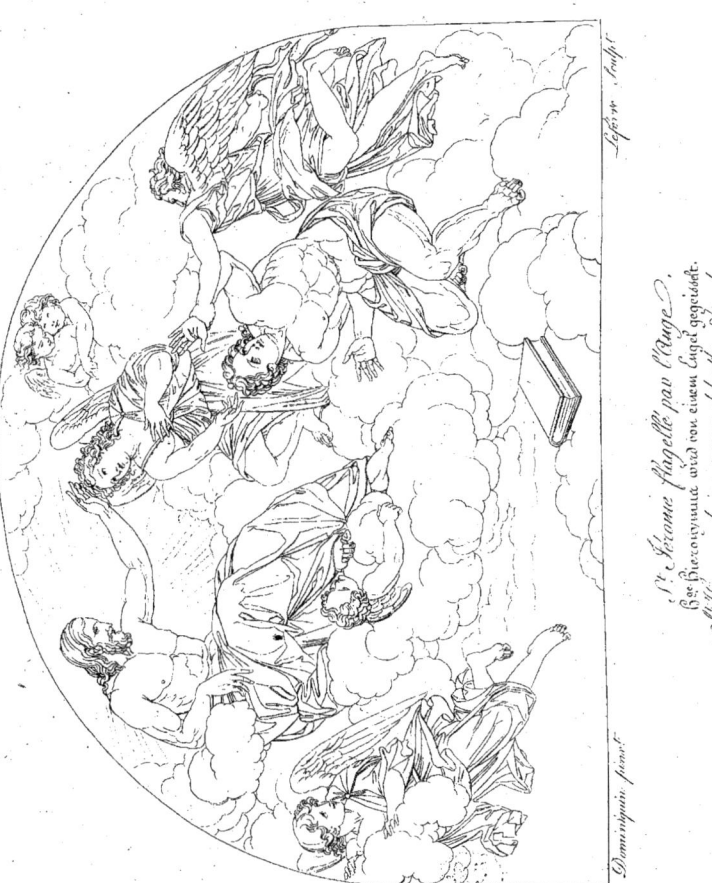

Domenichino pinxt. Lefevre sculpt.

S.t Jerome flagellé par l'Ange.
Der Hieronymus wird von einem Engel gegeisselt.
S.t Hieronimus being scourged by the Angel.

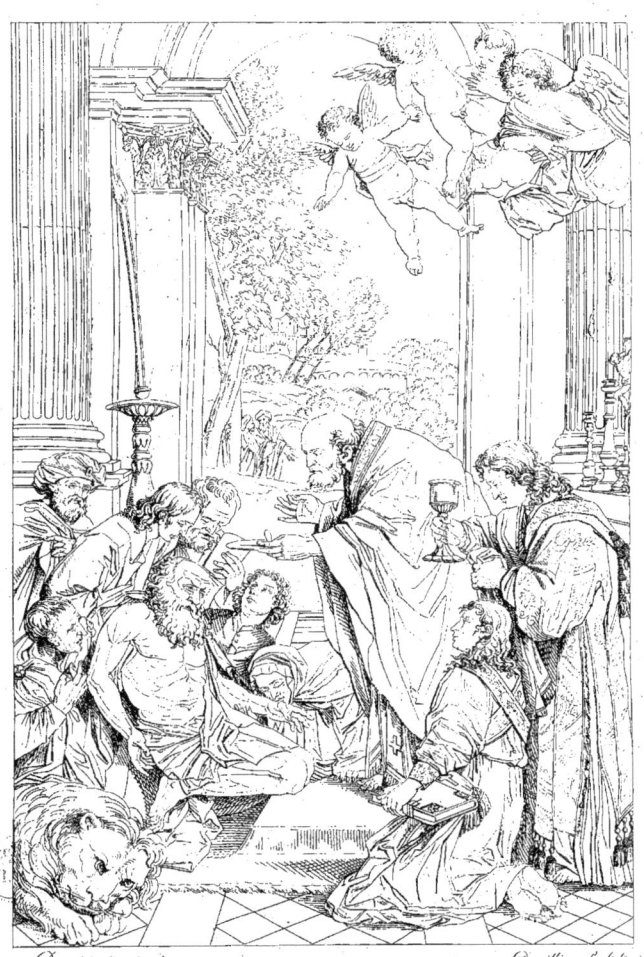

La Communion de S.t Jerome.
Der h.e Hieronimus empfängt das Abend-mahl.
S.t Hierome's Communion.

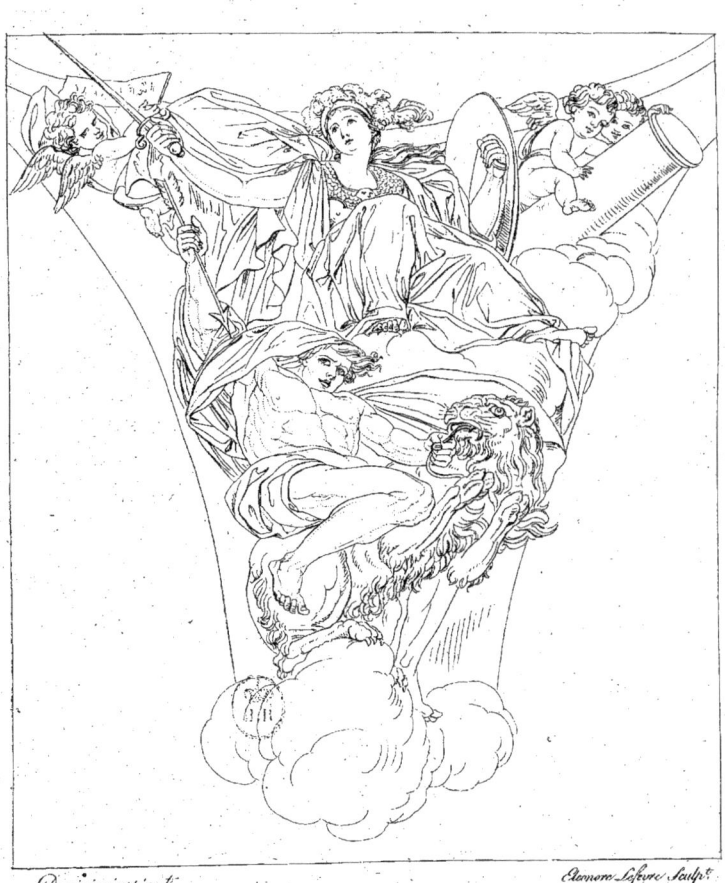

La Force. — Die Stärke. — Strength.

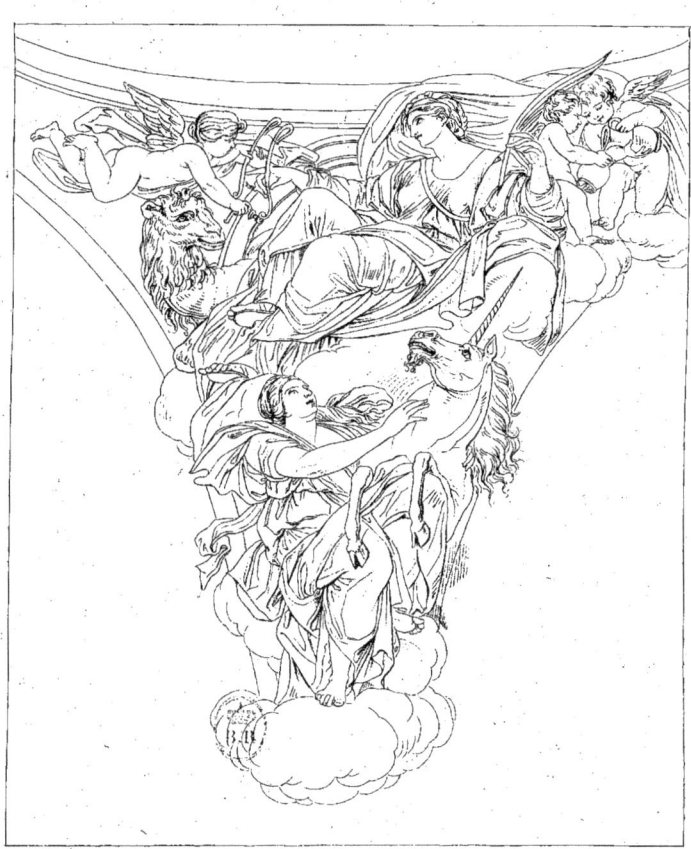

Dominiquin pinx.t   Elenore Lefevre Sculp.t

La Tempérance. —— Die Mässigkeit. —— Temperance.

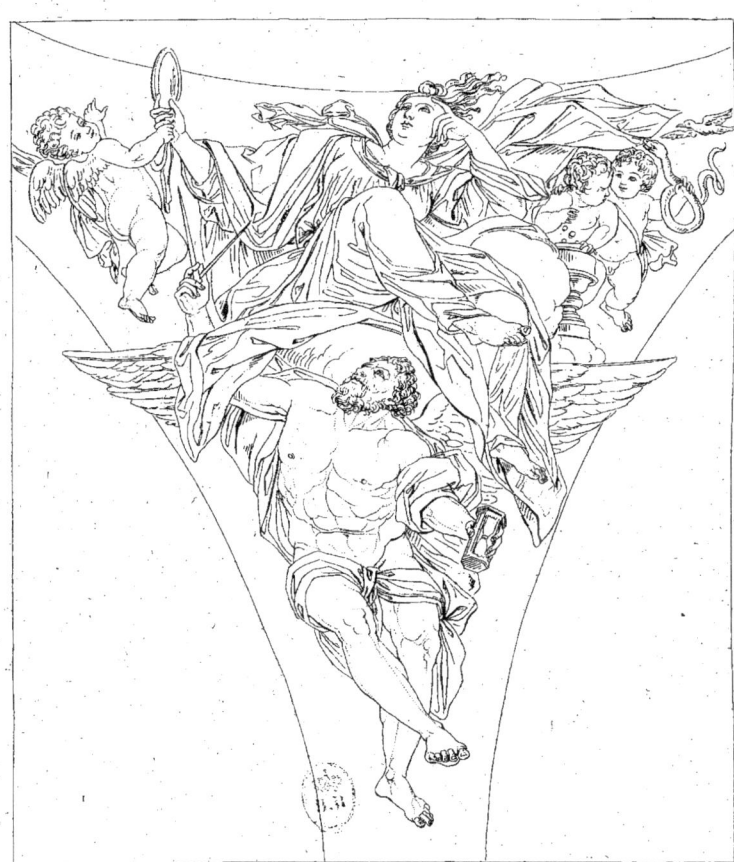

Dominiquin pinx.^t   Eléonore Lefevre Sculp.^t

La Prudence. —— Die Klugheit. —— Prudence.

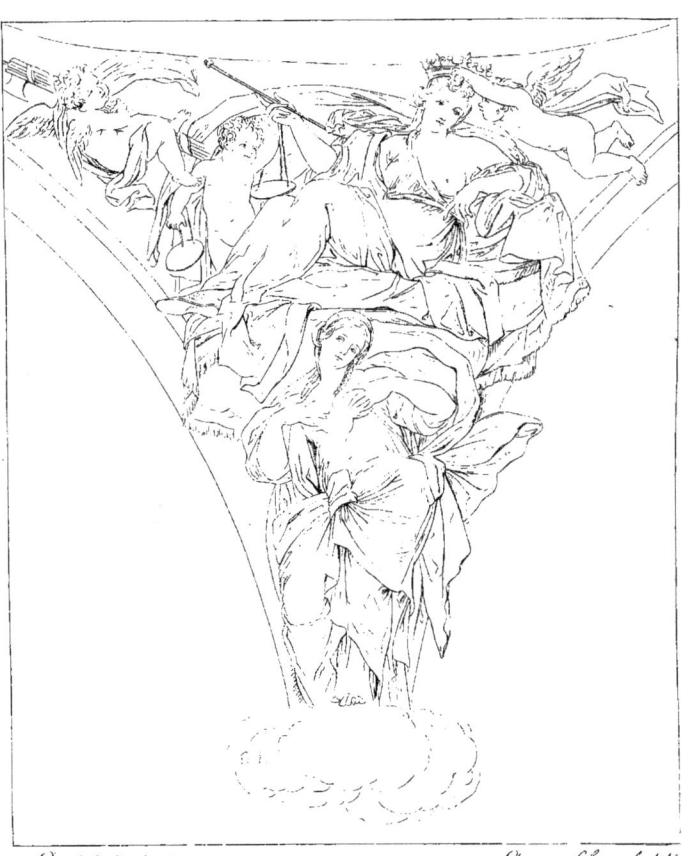

Dominiquin pinx.t   Eleonore Lefevre Sculp.t

La Justice. — Die Gerechtigkeit. — Justice.

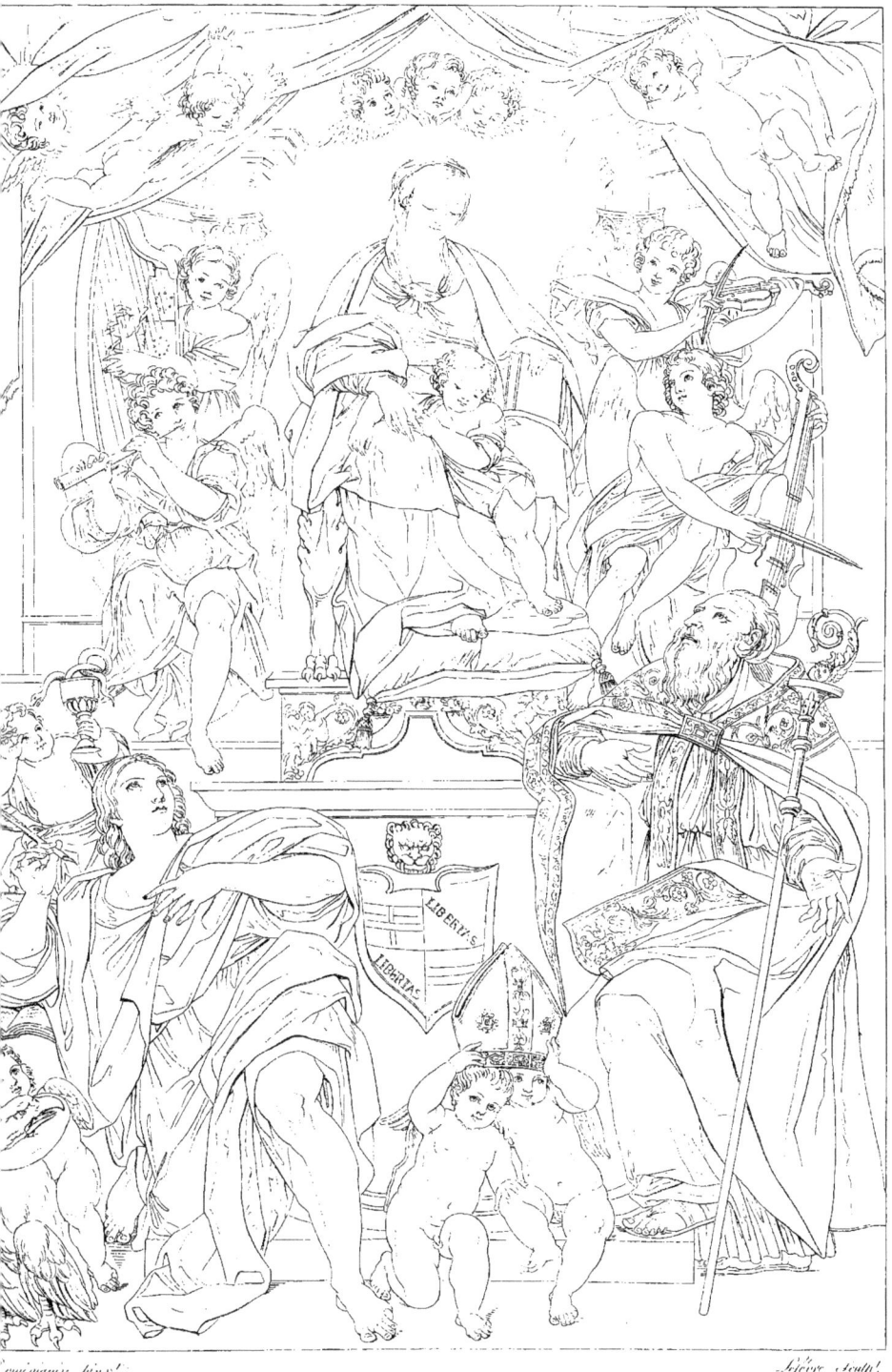

La Vierge, St. Jean et St. Pétrone.
Die Bg. Jungfrau, St. Johannes, St. Petronius.
The blessed Virgin, St. John and St. Petrone.

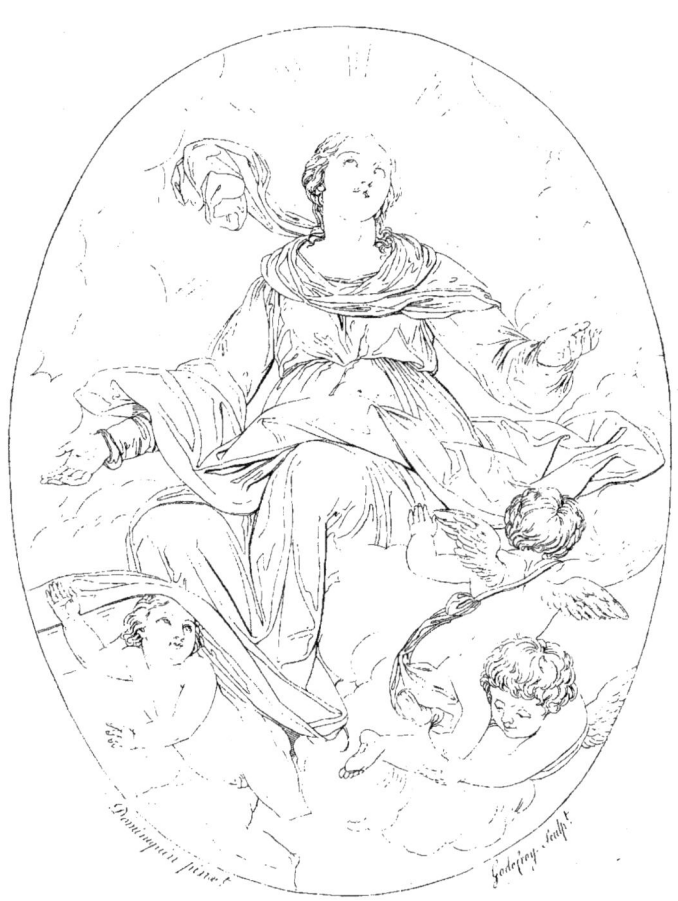

L'Assomption de la Vierge.
Maria's Himmelfahrt.
The blessed Virgin's Assomption.

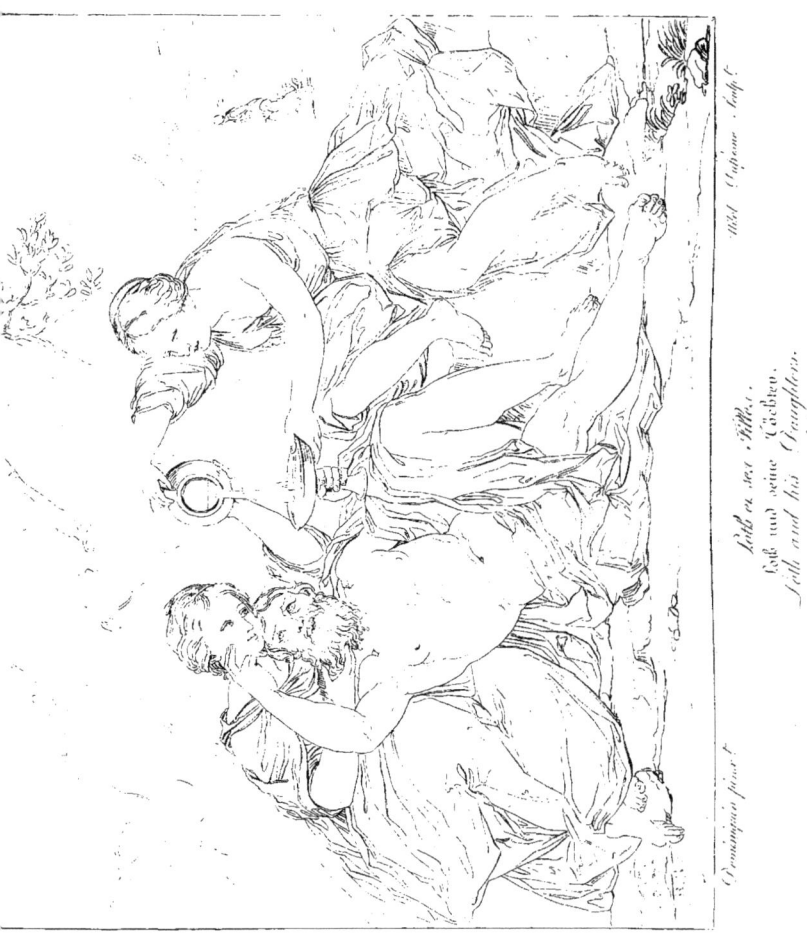

Domenichino pinx.t   Abel Capreous sculp.t

Loth et ses Filles.
Loth und seine Töchter.
Loth and his Daughters.

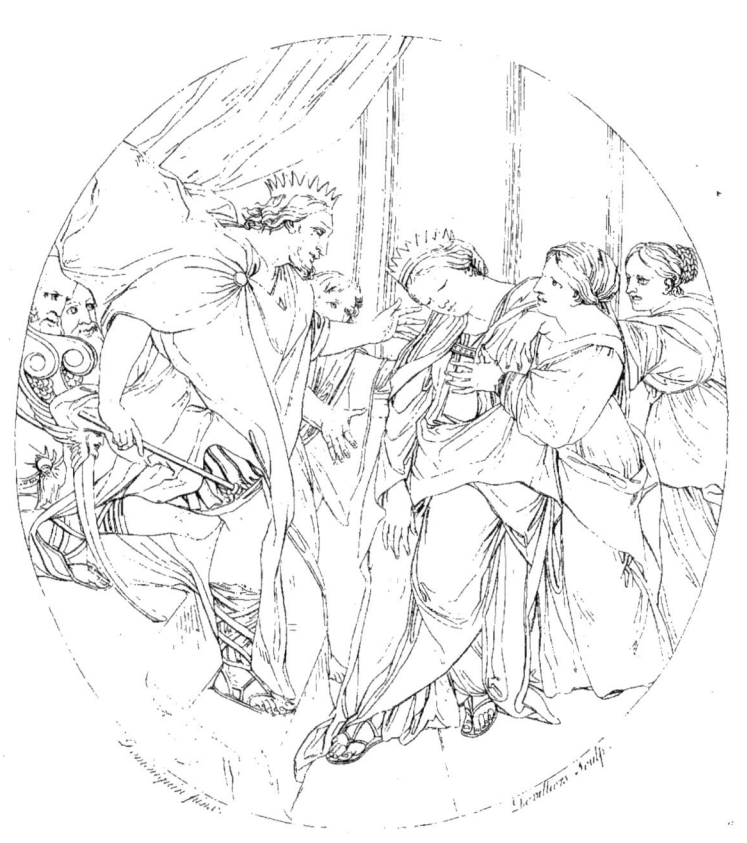

Esther devant Assuérus.
Esther in Gegenwarth des Assuerus.
Esther before Assuerus.

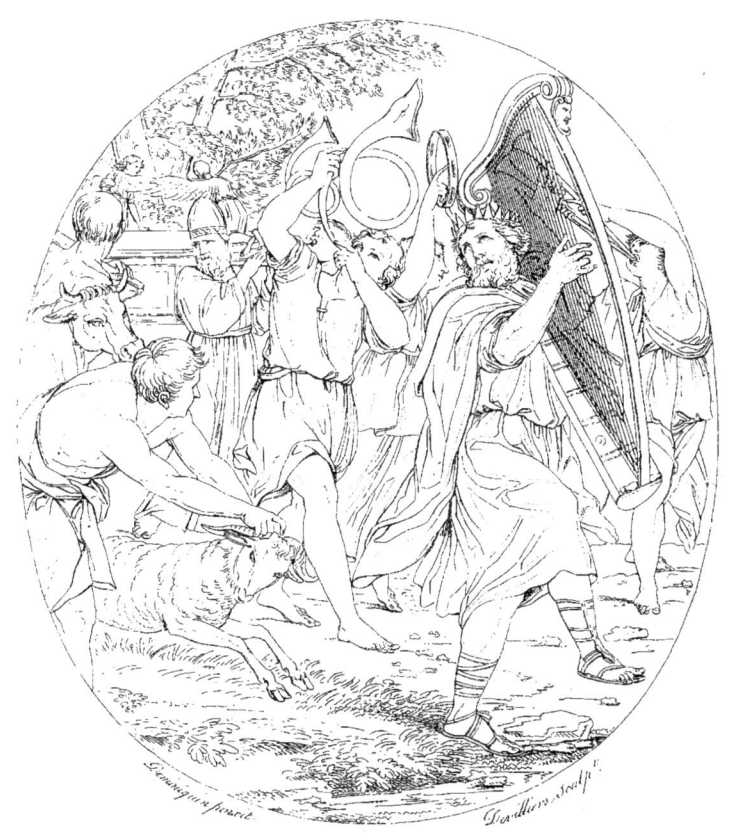

David danse devant l'Arche.
David danst voor der Arche.
David dancing before the Ark.

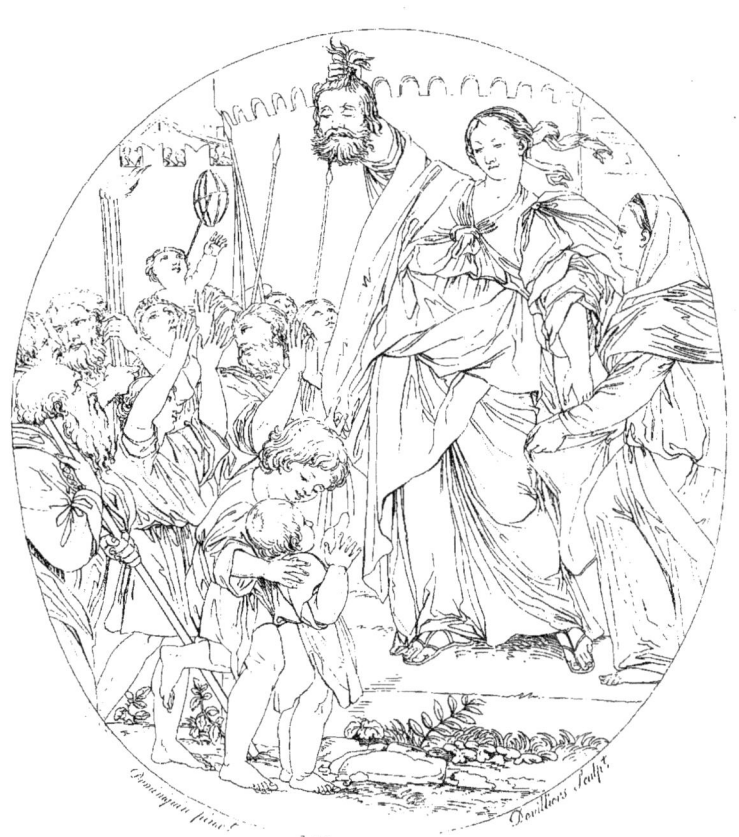

Judith présente au peuple la tête d'Holopherne.
Judith zeigt dem Volk das Haupt Holophernes.
Judith showing Holopherne's head to the People.

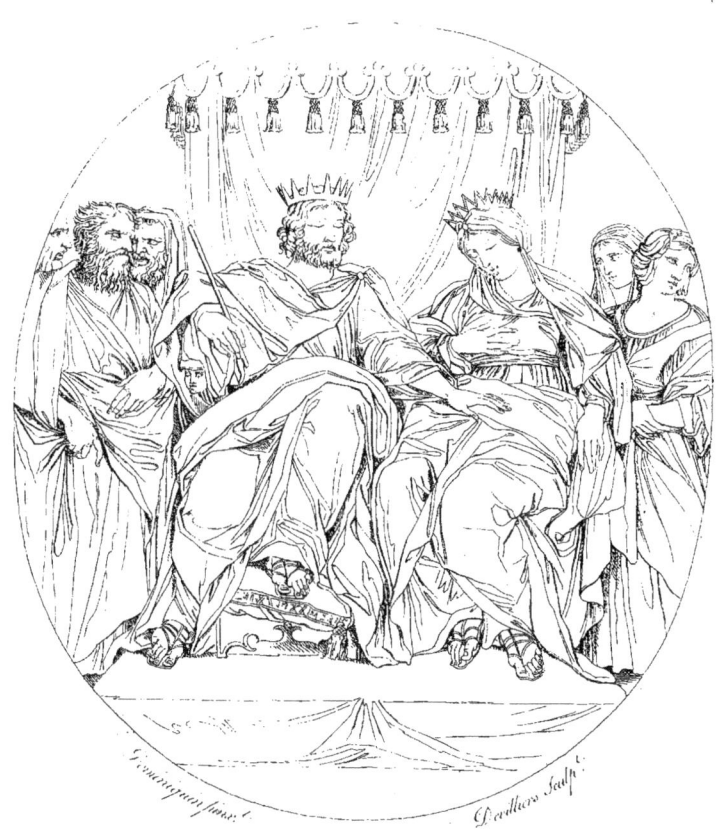

Salomon sur son trône, avec sa mère Bethsabée.
Salomo auf dem Thron mit seiner Mutter Bethsabée.
Salomon sitting upon the Throne with his Mother Bethsabée.

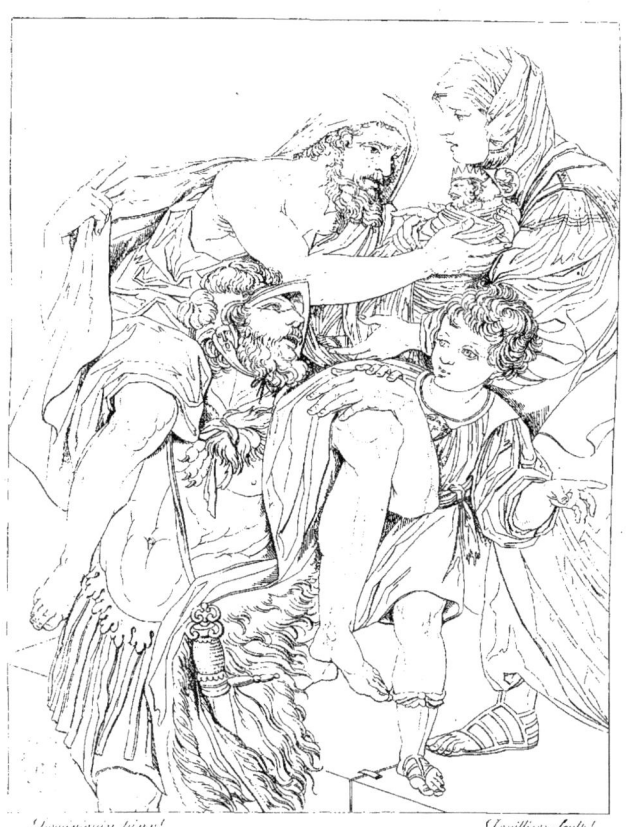

Dominiquin pinx. Devilliers Sculp.
Enée enlève son père Anchise.
Eneas trägt seinen Vatter Anchises.
Eneas carrying his father Anchises.

Un Concert.
Ein Konzert. — A Concert.

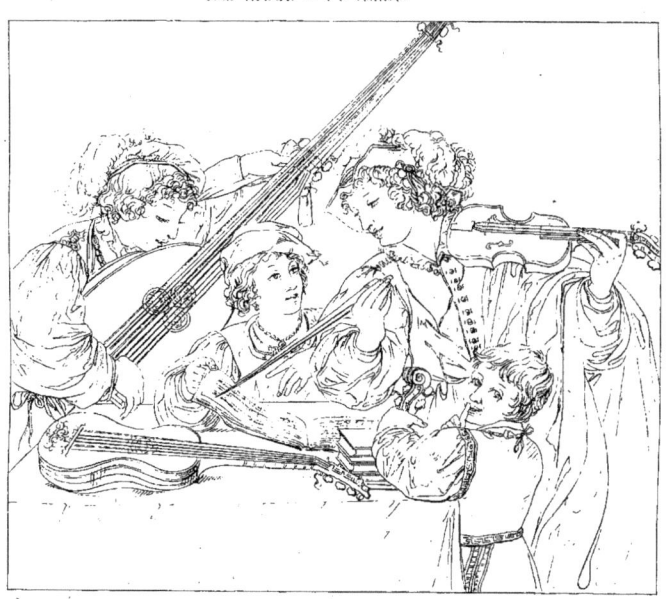

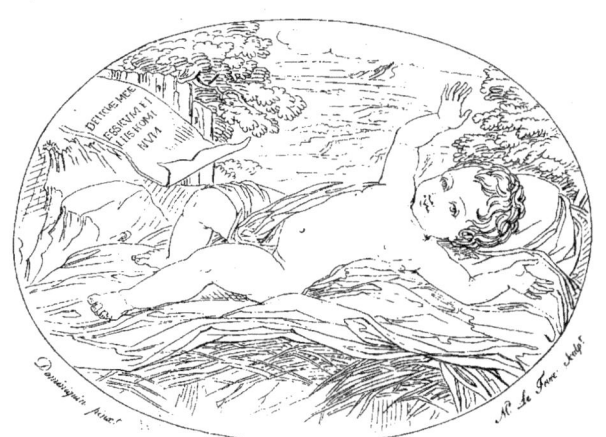

L'Enfant Jesus.
Das Kind Jesus. —— Infant Jesus.

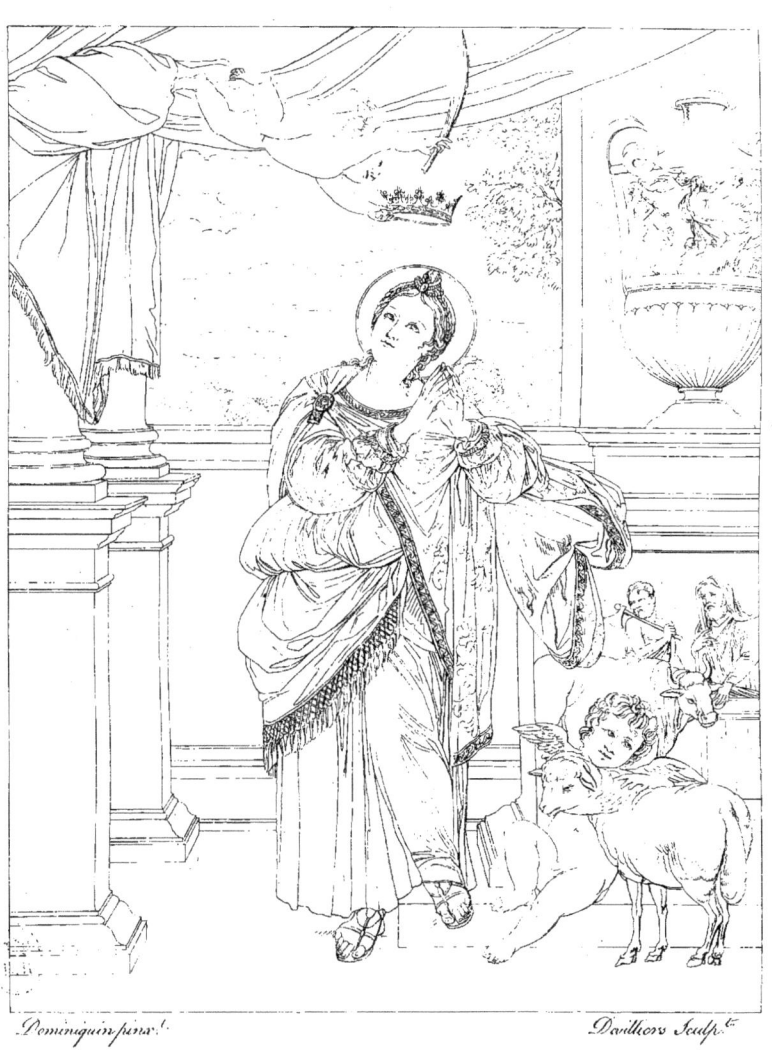

Dominiquin pinx.t   Davilliers Sculp.t

S.te Agnès. — Die H.ge Agnes. — S.t Agnes.

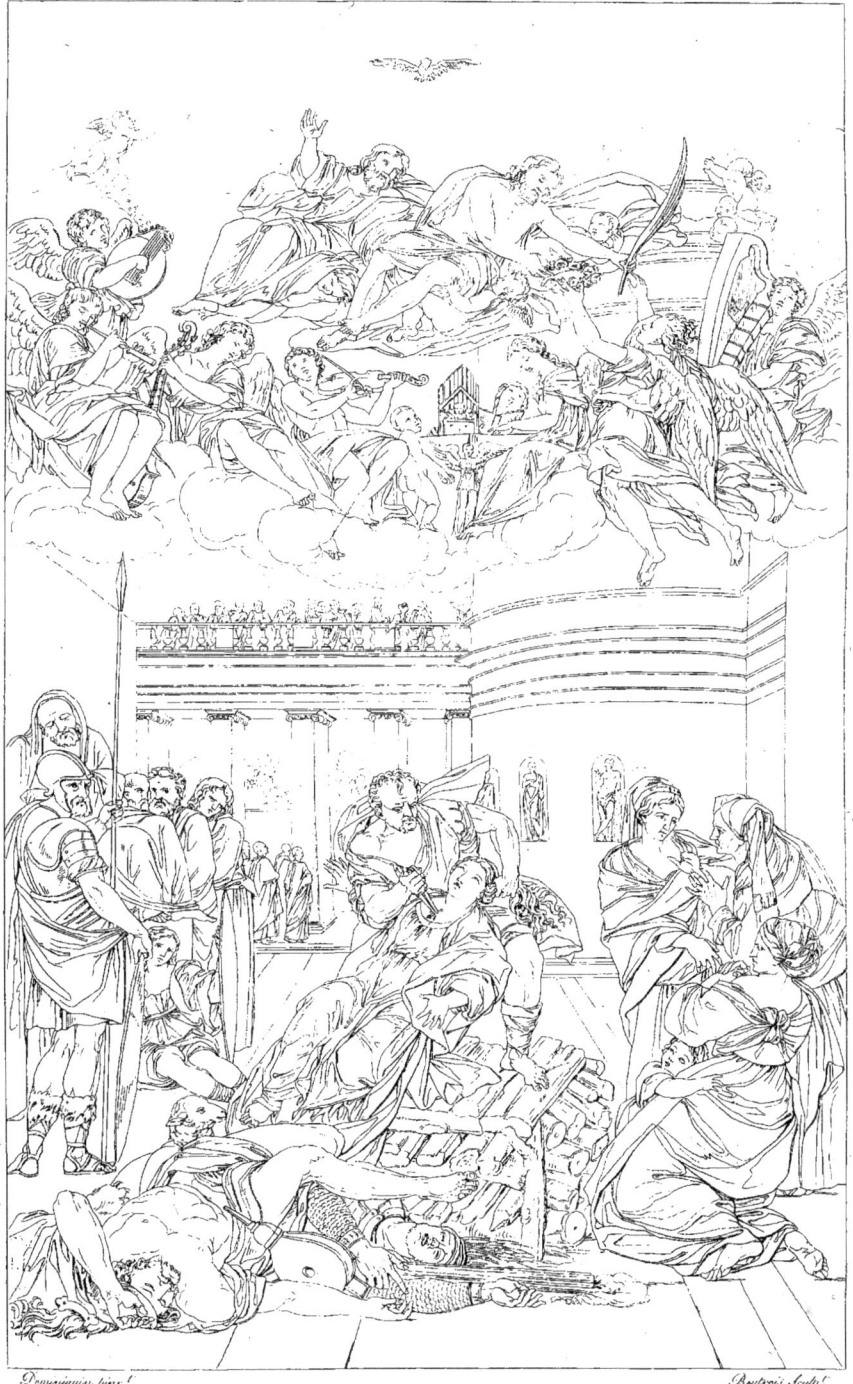

Le Martyre de Ste Agnes.
Märtyrer Tod der Hn Agnes.
St Agnes's Martyrdom.

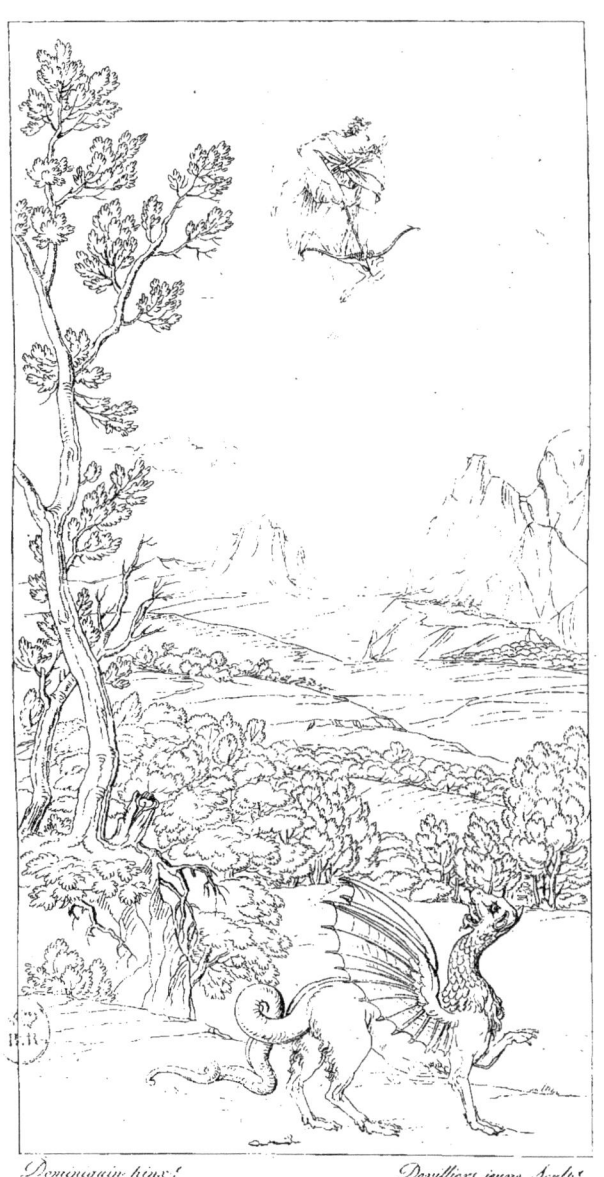

Apollon tue le Serpent Python.
Apoll tötet die Schlange Pitho.
Apollo killing the Serpent Pitho.

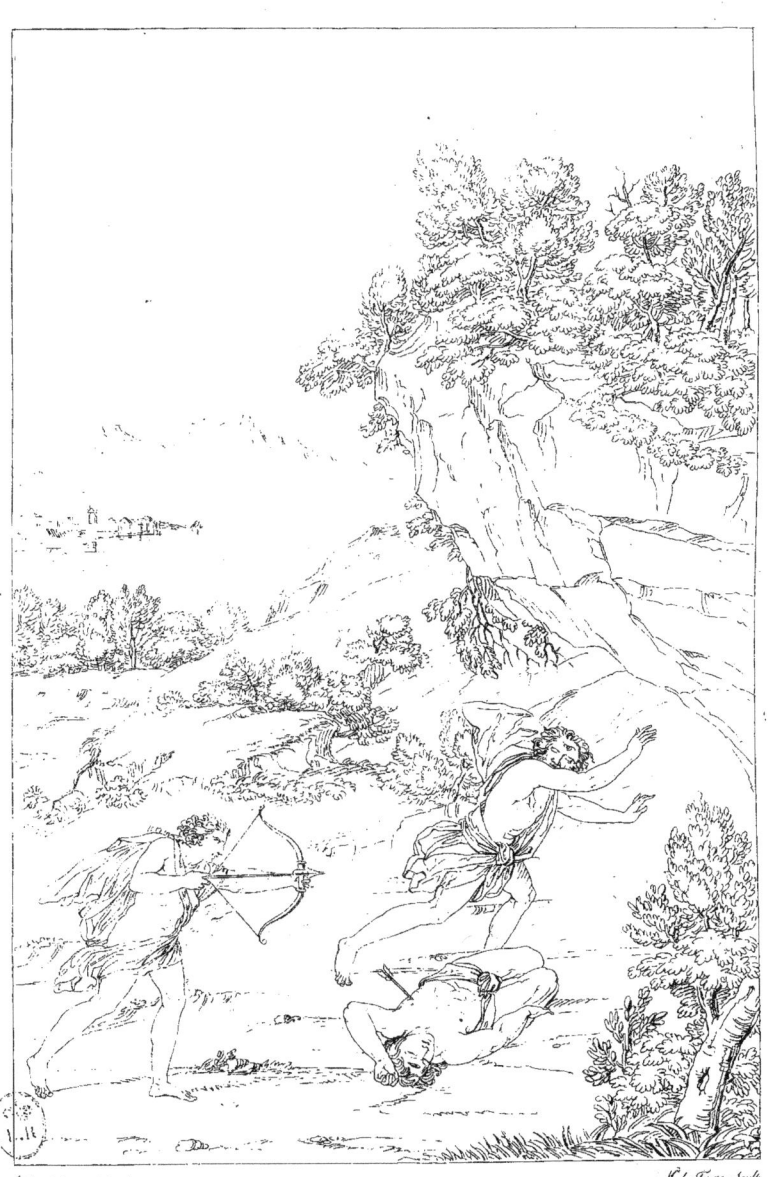

Apollon tue les Cyclopes.
Apoll tötet die Cyklopen.
Apollo killing the Cyclops.

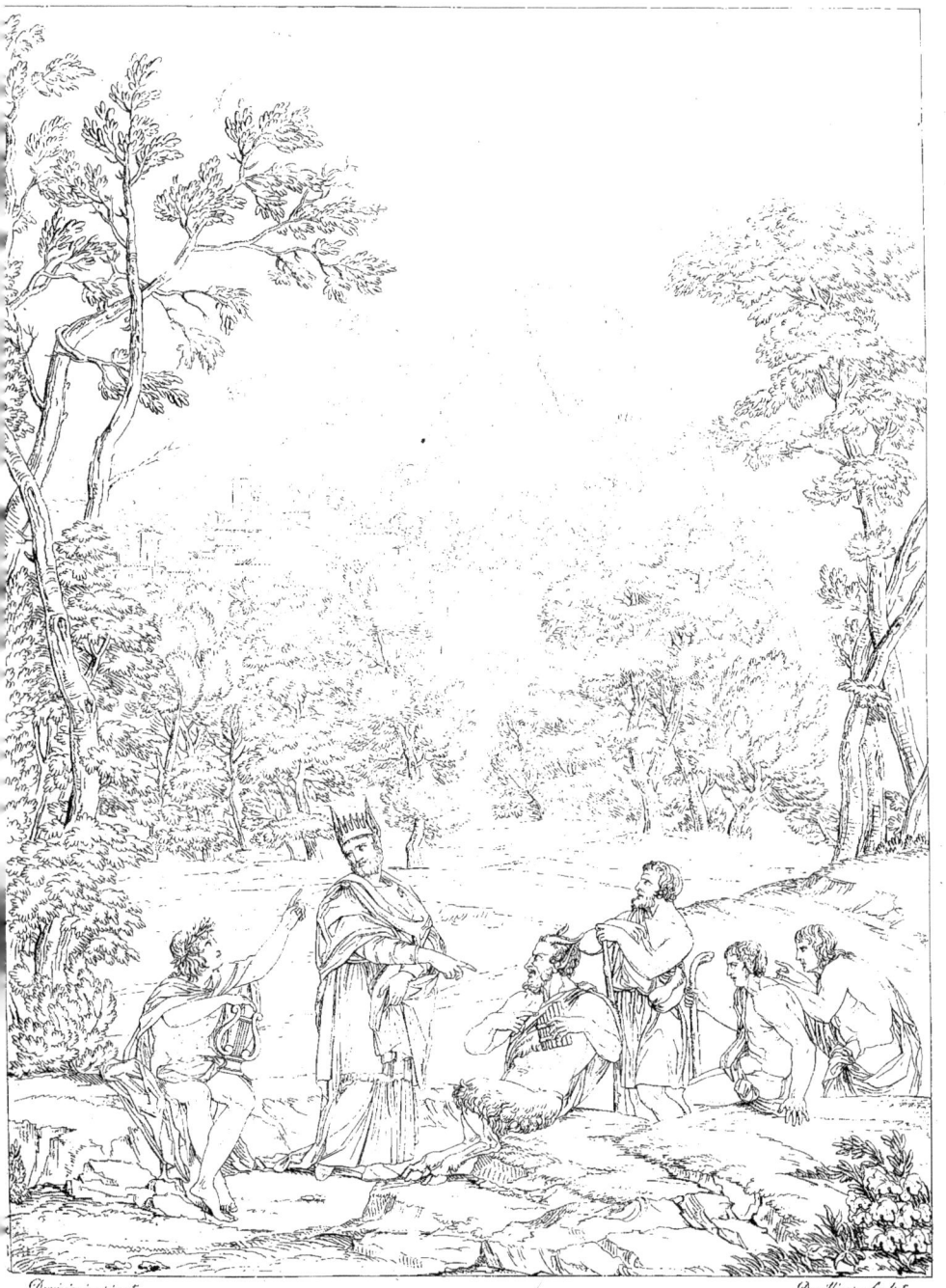

Midas puni par Apollon.
Midas bestraft durch Apoll.
Midas punished by Apollo.

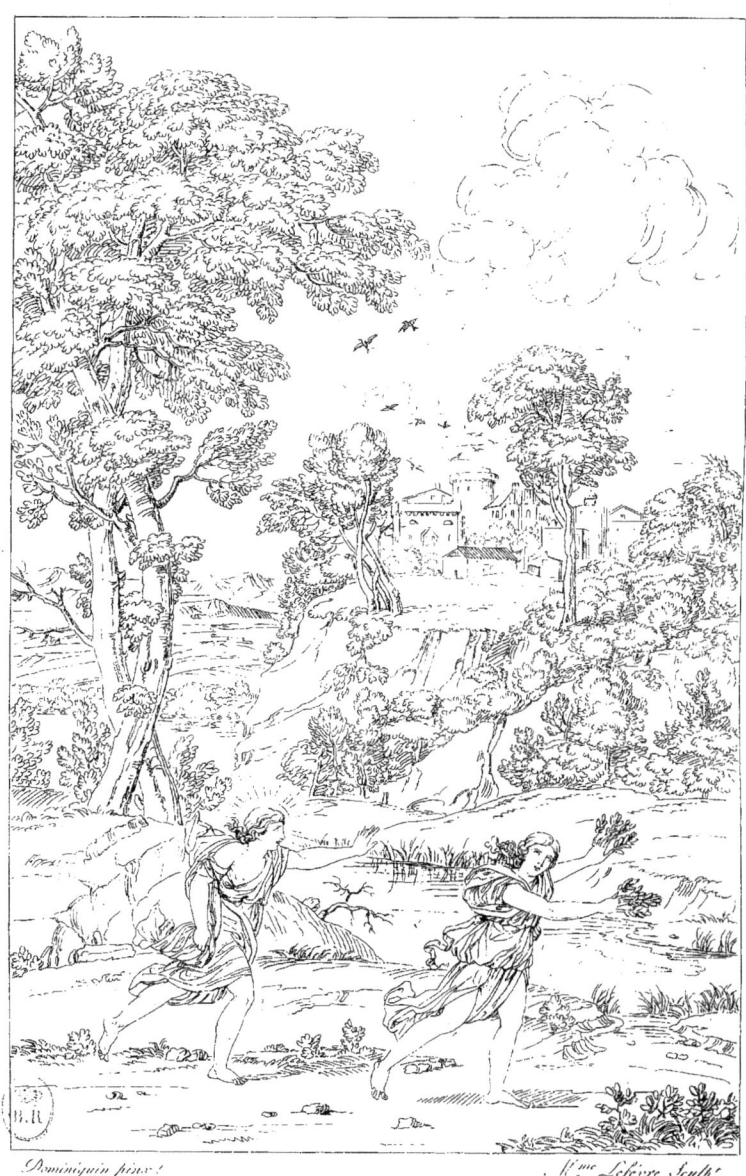

Daphné changée en Laurier.
Daphne in einen Lorbeer-Baum verwandelt.
Daphne changed into a Laurel.

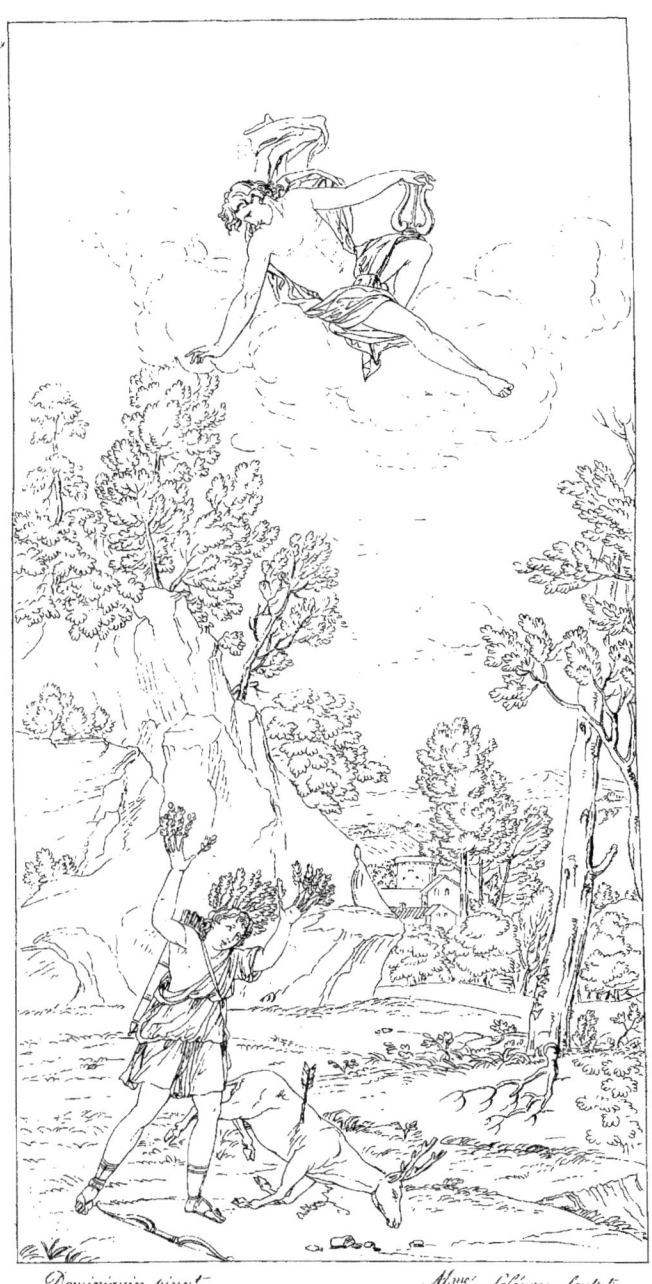

Dominiquin pinx.t Mme Lefèvre sculp.t

Cyparisse changé en Cyprès.
Cyparisse in einen Cypressen-Baum verwandelt.
Cyparisse changed into a Cypress.

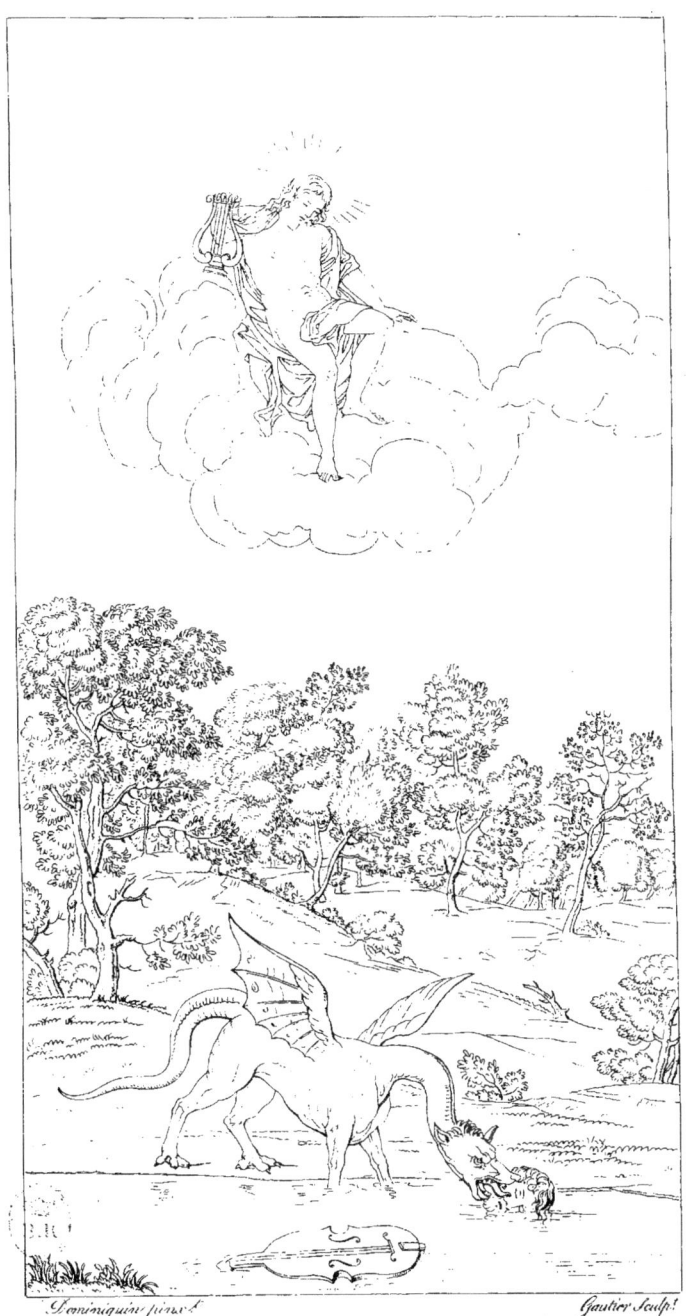

Dominiquin pinx. *Gautier Sculp.*

La tête et la lyre d'Orphée jettées dans l'Ebre.
Der Kopf und die Leyer des Orpheus in den Ebro geworfen.
Orpheuse's head and lyre thrown in the Ebro.

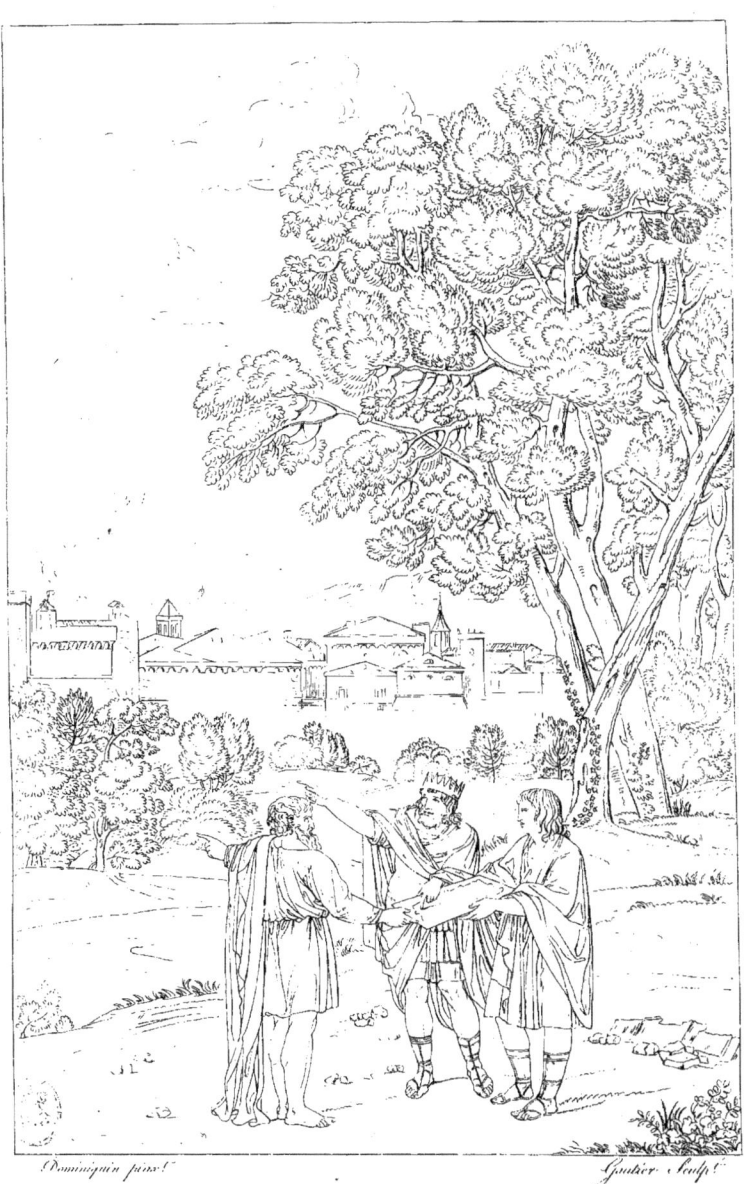

Dominiquin pinx.t Gautier Sculp.t

Apollon et Neptune s'unissent à Laomédon pour élever les murs de Troye.
Apoll' und Neptun vereinigen sich mit Laomedon um Troya's mauern aufzubauen.
Apollo and Neptune, uniting with Laomedon for erecting the walls of Troy.

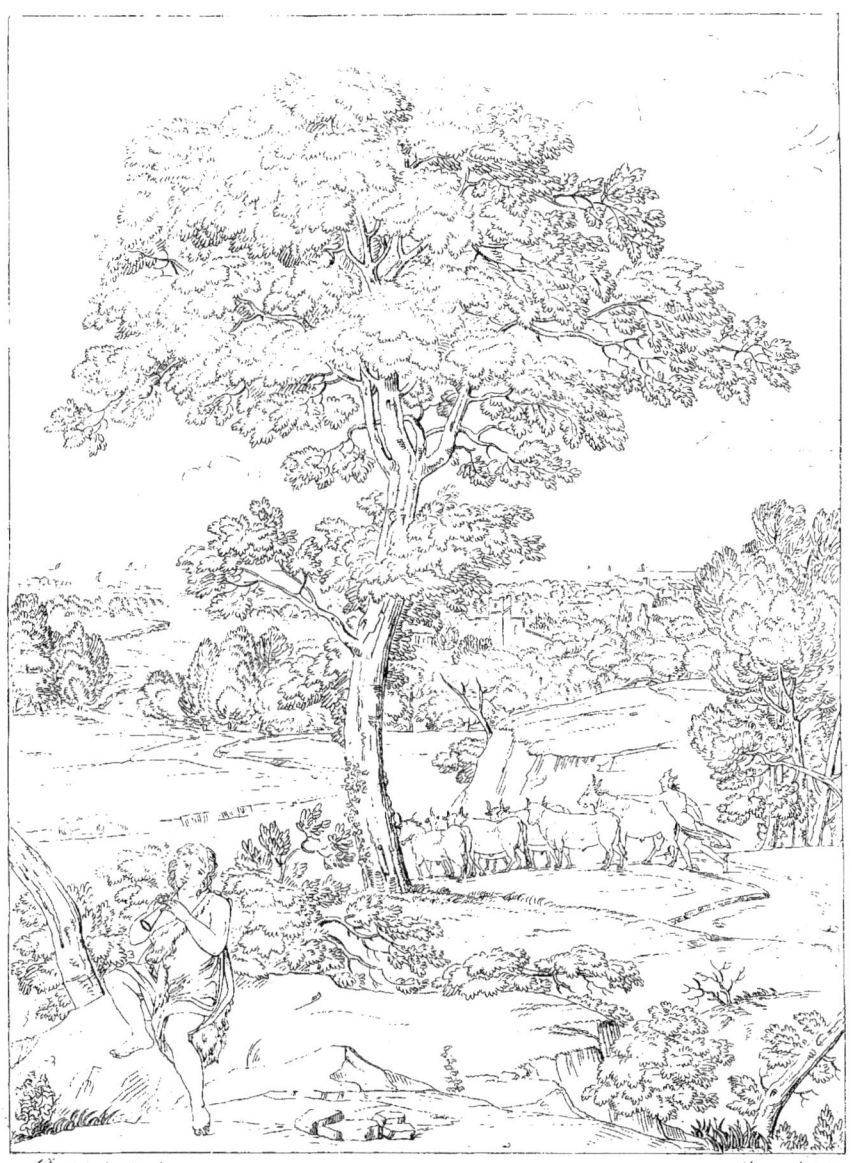

Dominiquin pinx.! Gautier sculp.!

Apollon garde les troupeaux d'Admète.
Apoll hütet die Heerden Admet's.
Apollo tending the flocks of Admete.

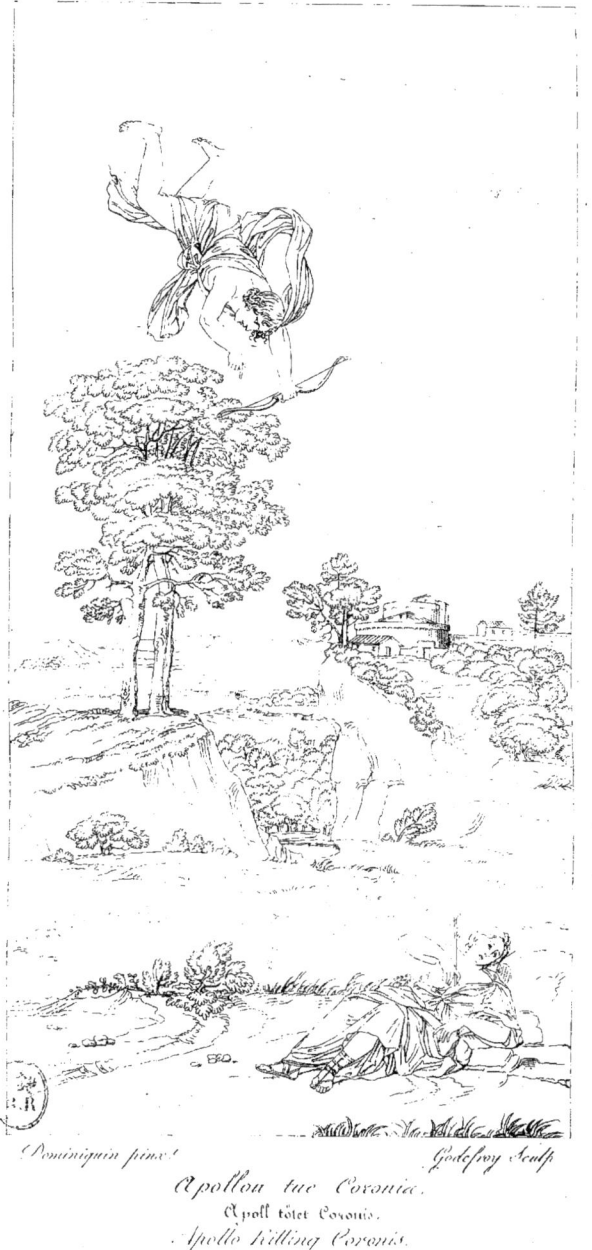

Dominiquin pinx.t   Godefroy Sculp.

Apollon tue Coronis.
Apoll tötet Coronis.
Apollo killing Coronis.

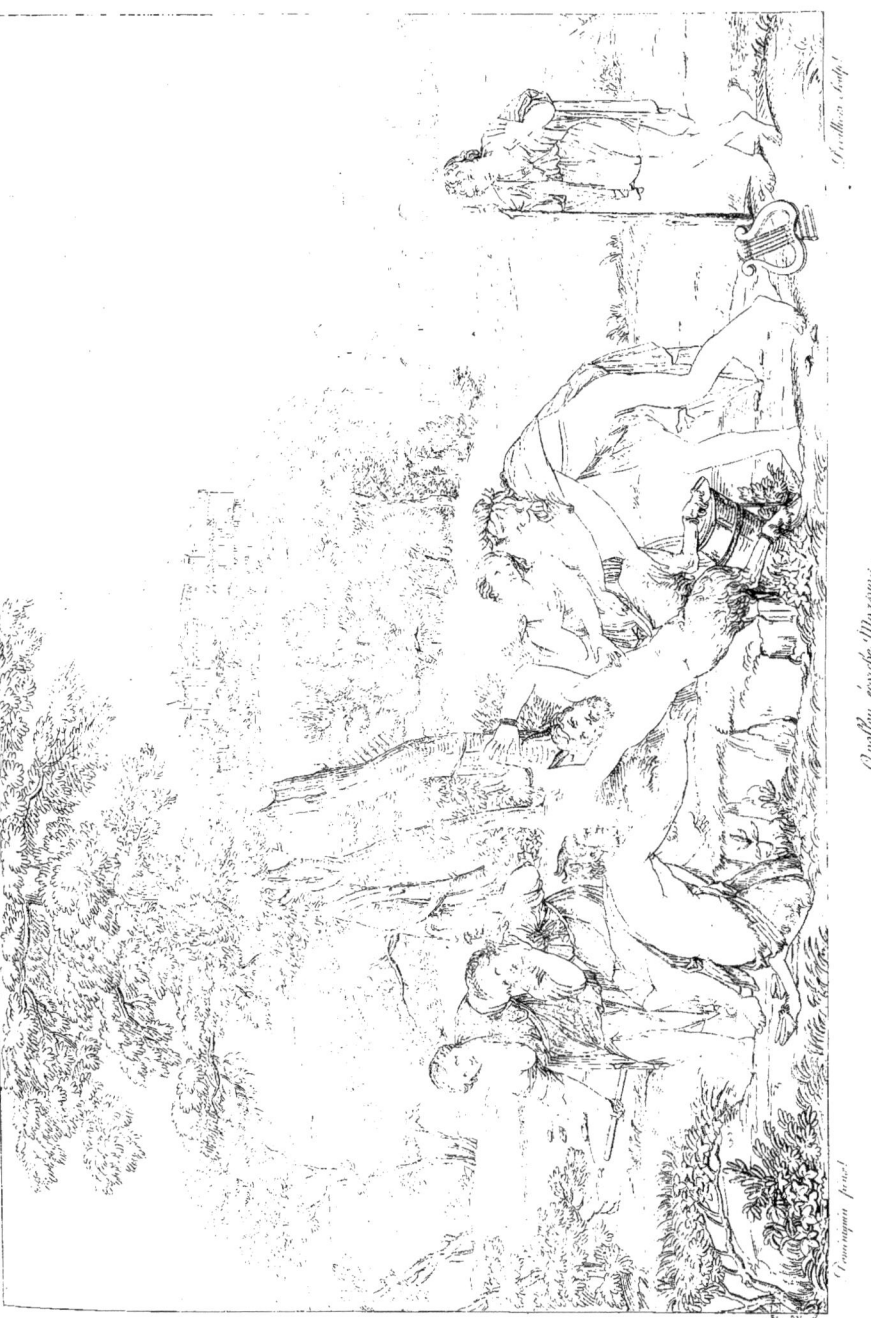

Apollon écorche Marsyas.
Apoll schindet den Marsyas.
Apollo flaying Marsyas.

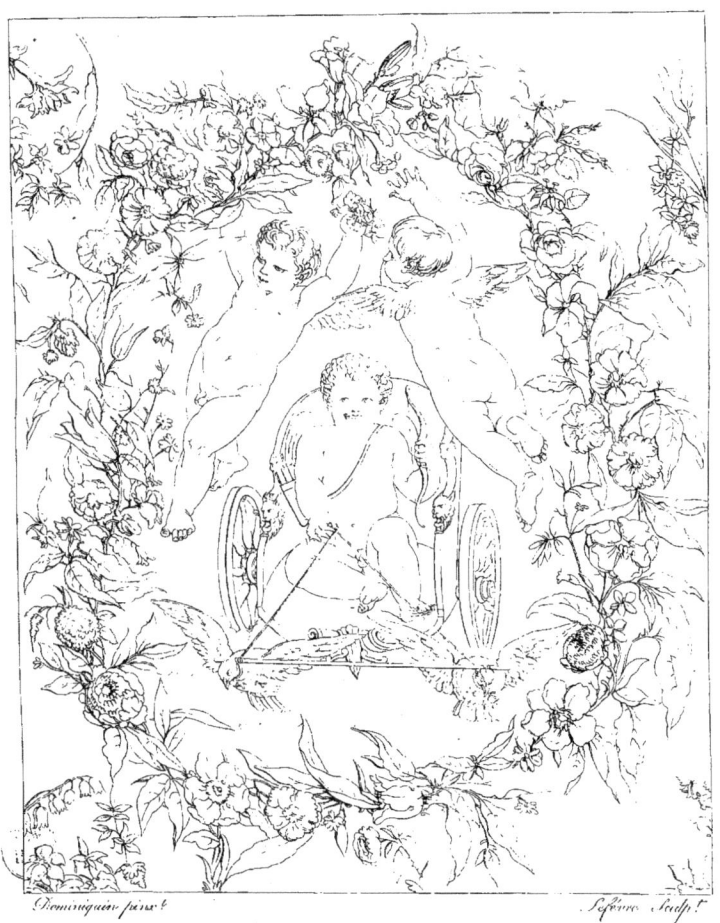

Le Triomphe de l'Amour.
Der Triumph der Liebe.
The Triumph of Cupid.

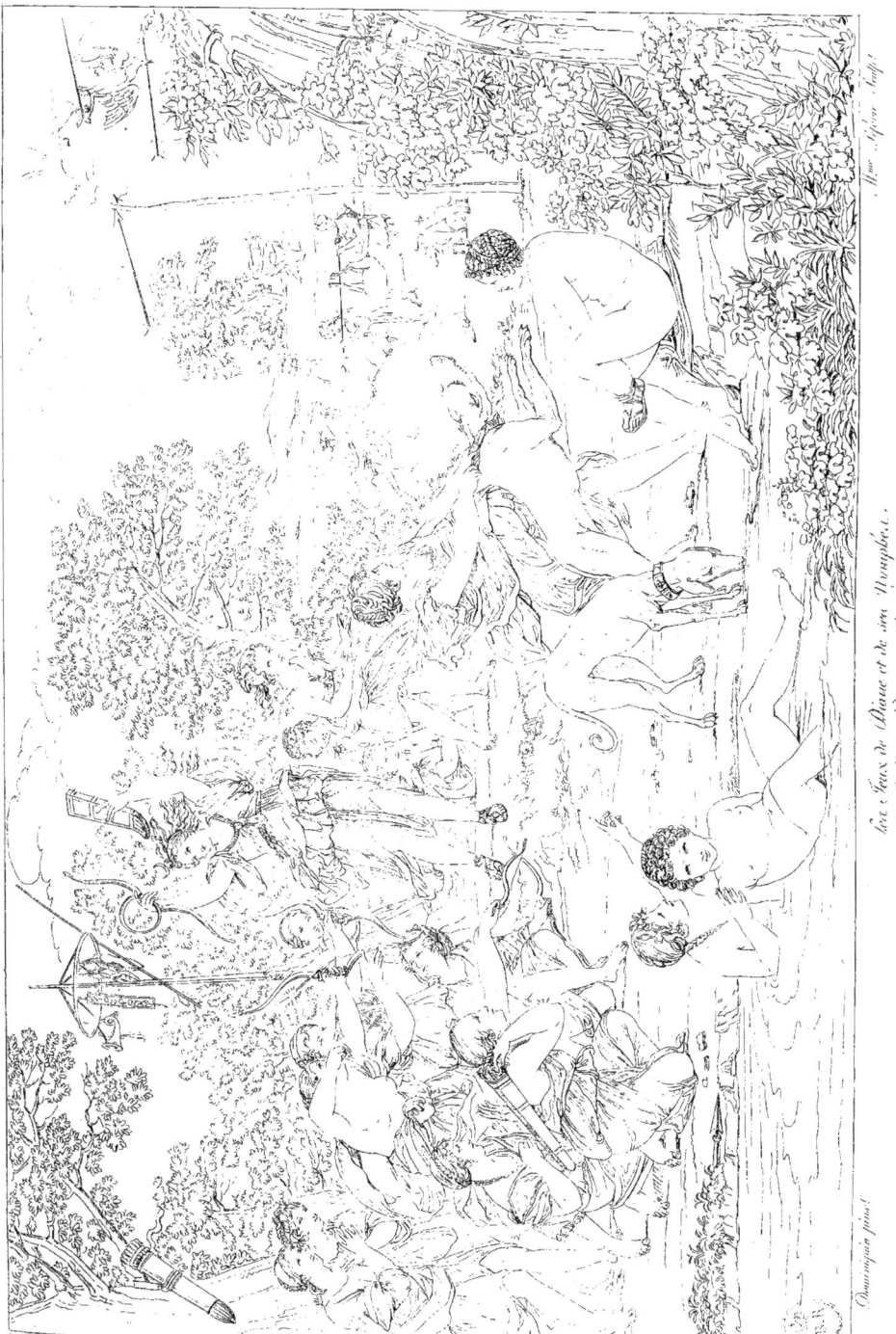

Les Jeux de Diane et de ses Nymphes.
Die Spiele der Diana und ihrer Nymphen.
The games of Diana and her Nymphs.

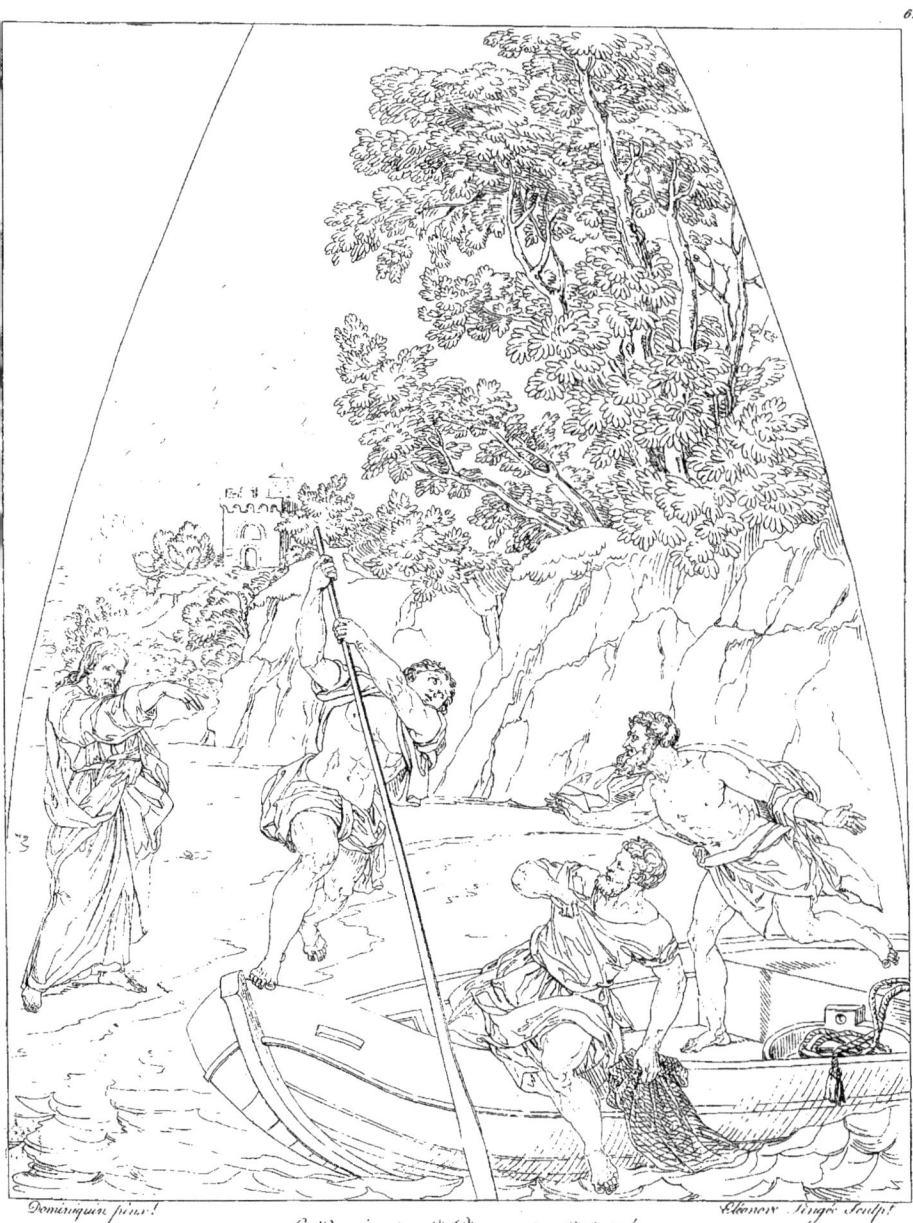

La Vocation de St. Pierre et de St. André.
Die Berufung des hl. Petrus und des hl. Andreas.
The calling of St. Peter and St. Andrew.

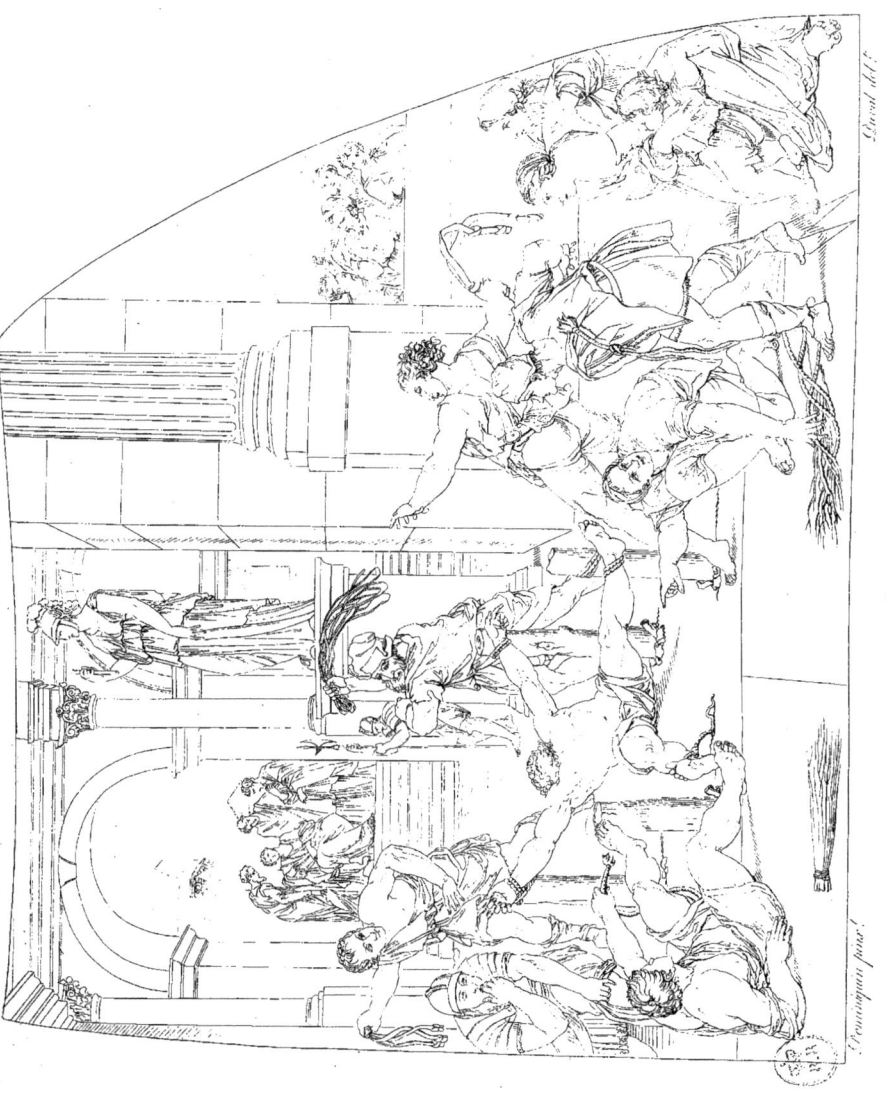

La Flagellation de St. André.
Die Geisselung des hl. Andreas.
The scourging of St. Andrew.

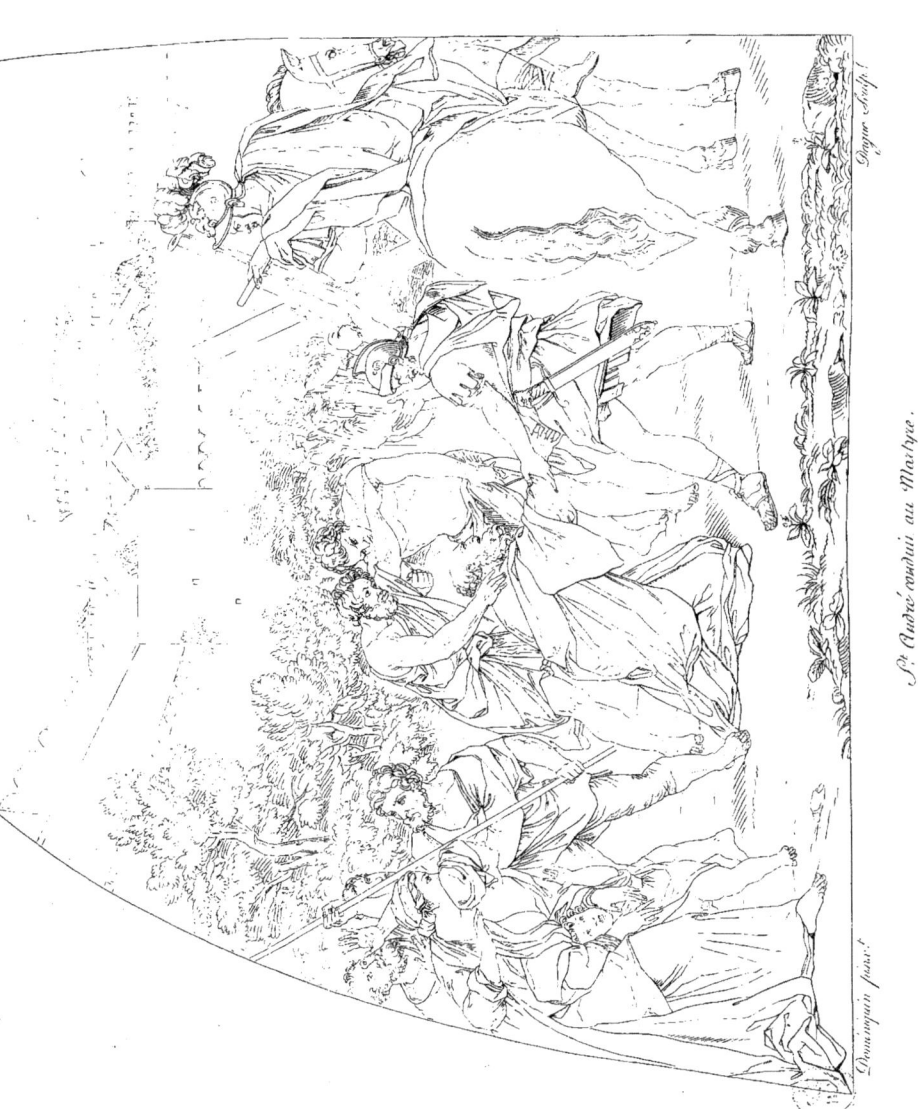

Dominiquin pinx.t Dargue Sculp.t

S.t André conduit au Martyre.
Der hl: Andreas wird zum Marterort geführt.
S. Andrew reintutud to Martyrdom.

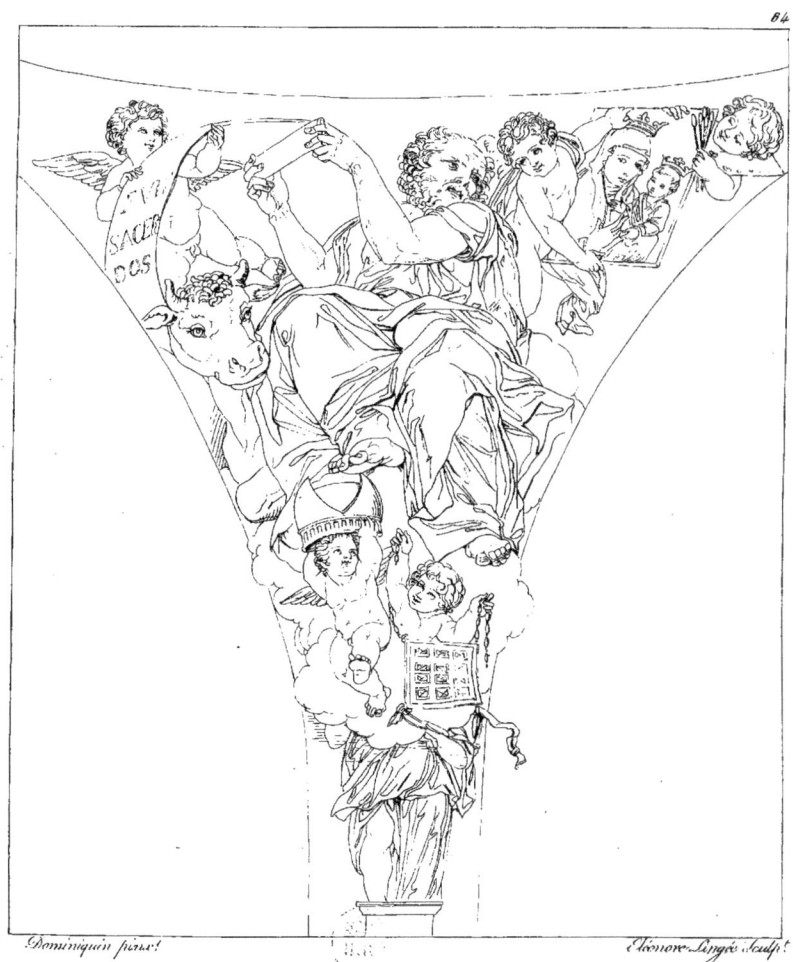

Dominiquin pinx.t   Eléonore Lingée Sculp.t

St Luc.
St Lucaa.
St Luke.

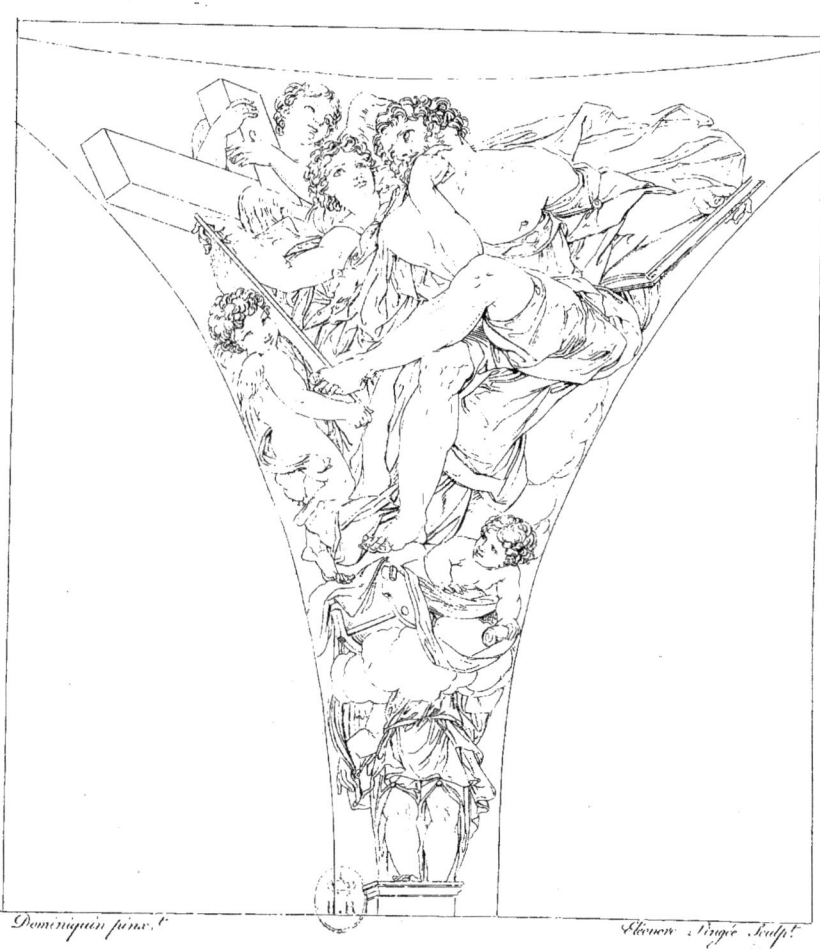

Dominiquin pinx.t   Pécourt Pingé Sculp.t

St Matthieu.
St Matthäus.
St Matthew.

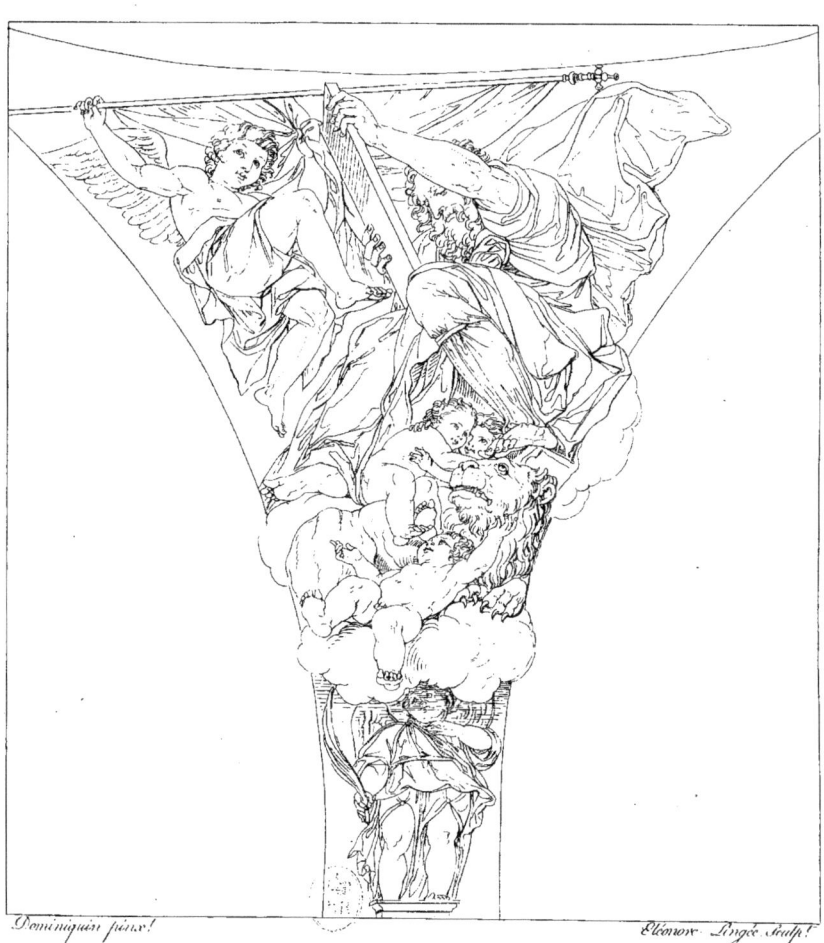

Dominiquin pinx.t Eléonore Lingée sculp.t

St. Marc.
St. Marcus.
St. Mark.

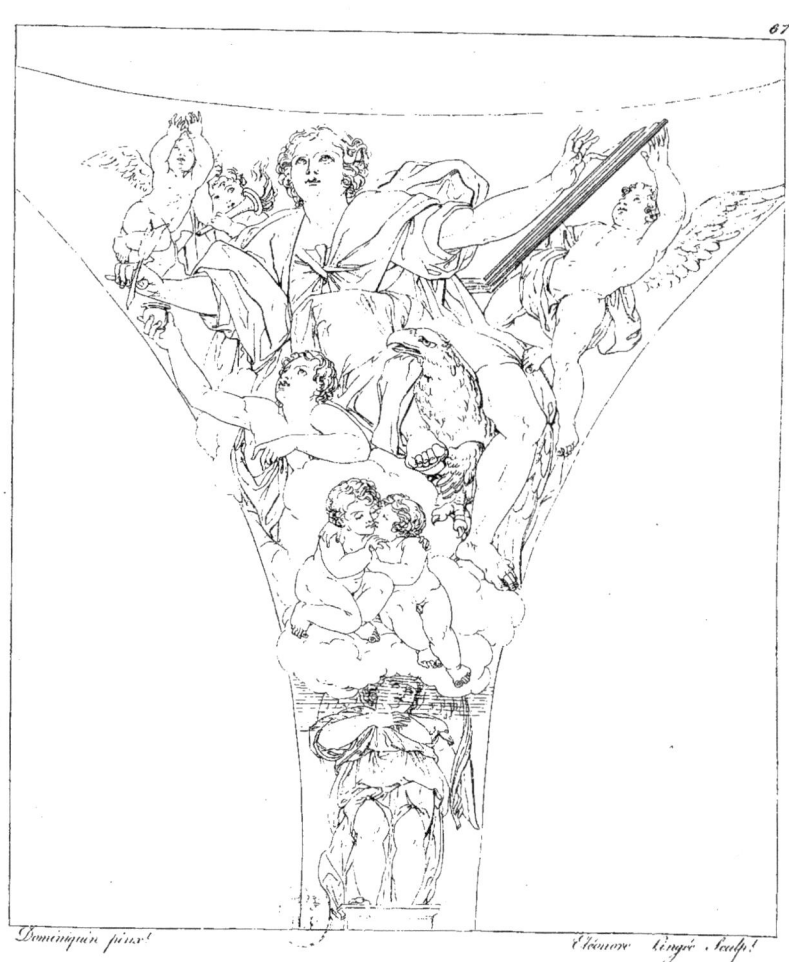

Dominiquin pinx.t Eléonore Lingée Sculp.t

St. Jean.
St. Johannes.
St. John.

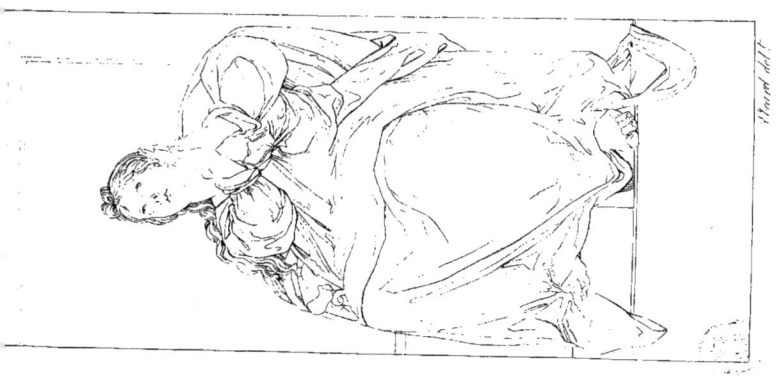

Domenquin pinx.
La Charité.
Die Mildthätigkeit.
Charity.

Stöcel del.t
La Contemplation.
Die Betrachtung.
Contemplation.

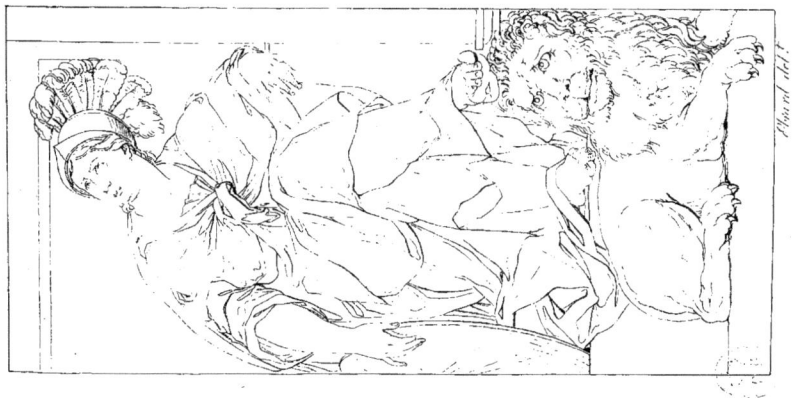

La Foi. / Der Glaube. / Faith.

La Force. / Die Stärke. / Strength.

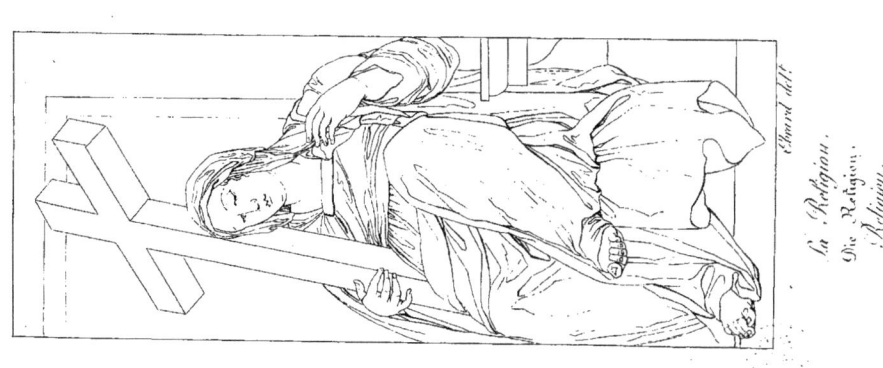

La Religion.
Die Religion.
Religion.

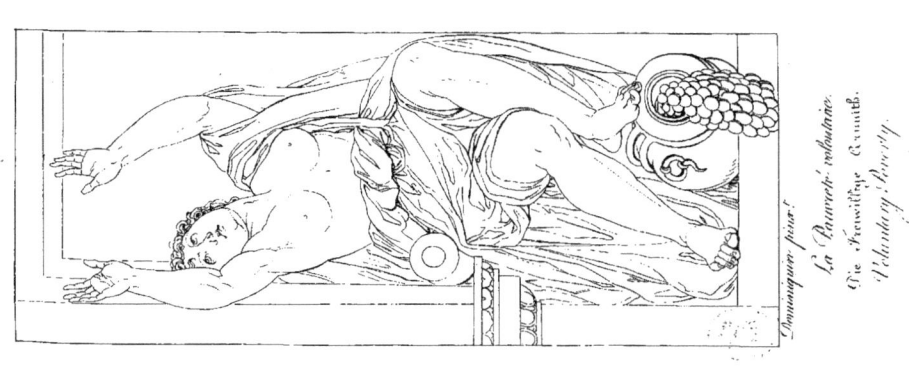

La Pauvreté volontaire.
Die Freiwillige Armuth.
Voluntary Poverty.

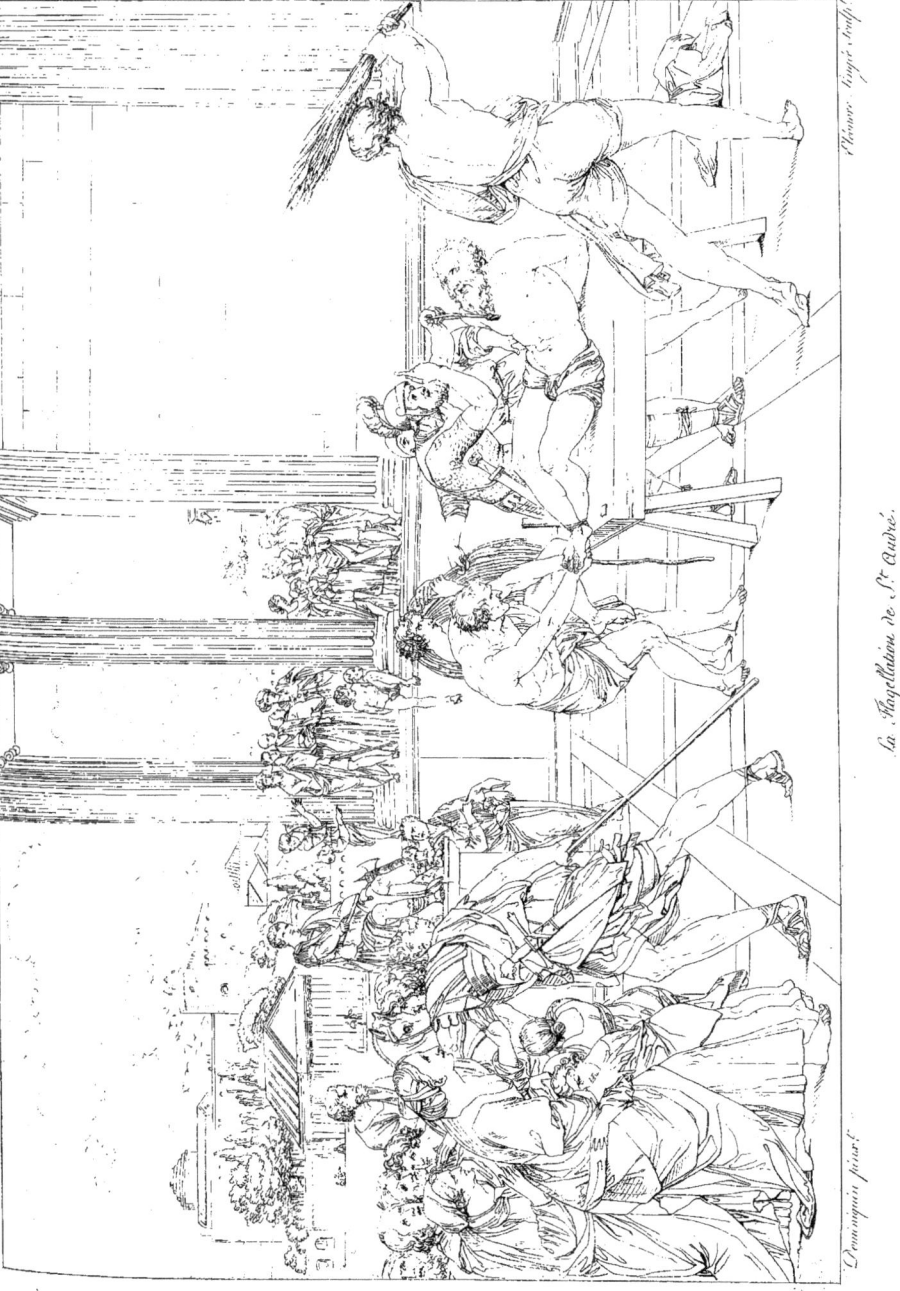

La Flagellation de St André.
Die Geisselung des hl. Andreas.
The Scourging of St. Andrew.

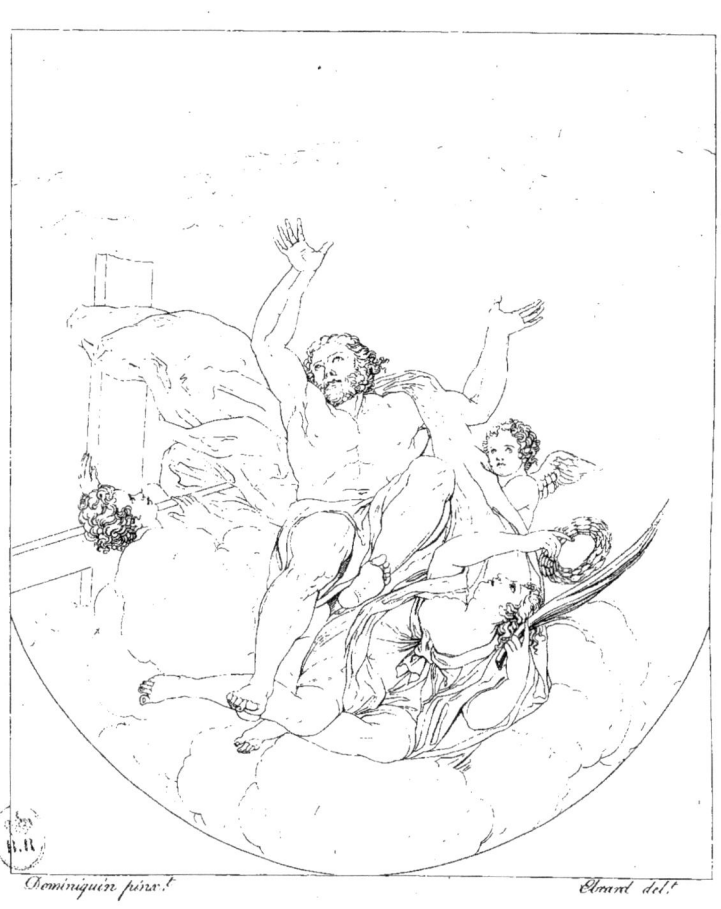

Dominiquin pinx.t   Ebrard del.t

La Glorification de St André.
Die Aufnahme des Andreas unter die Heiligen.
Glorification of St Andrew.

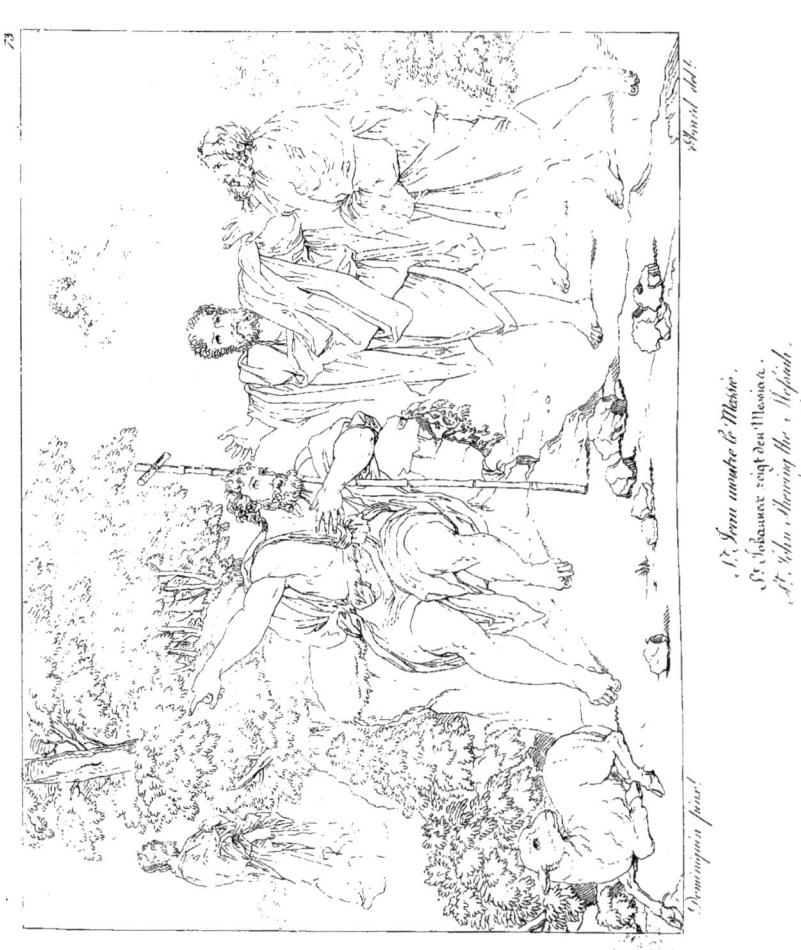

S.t Jean montre le Messie.
S.t Johannes zeigt den Messias.
S.t John shewing the Messiah.

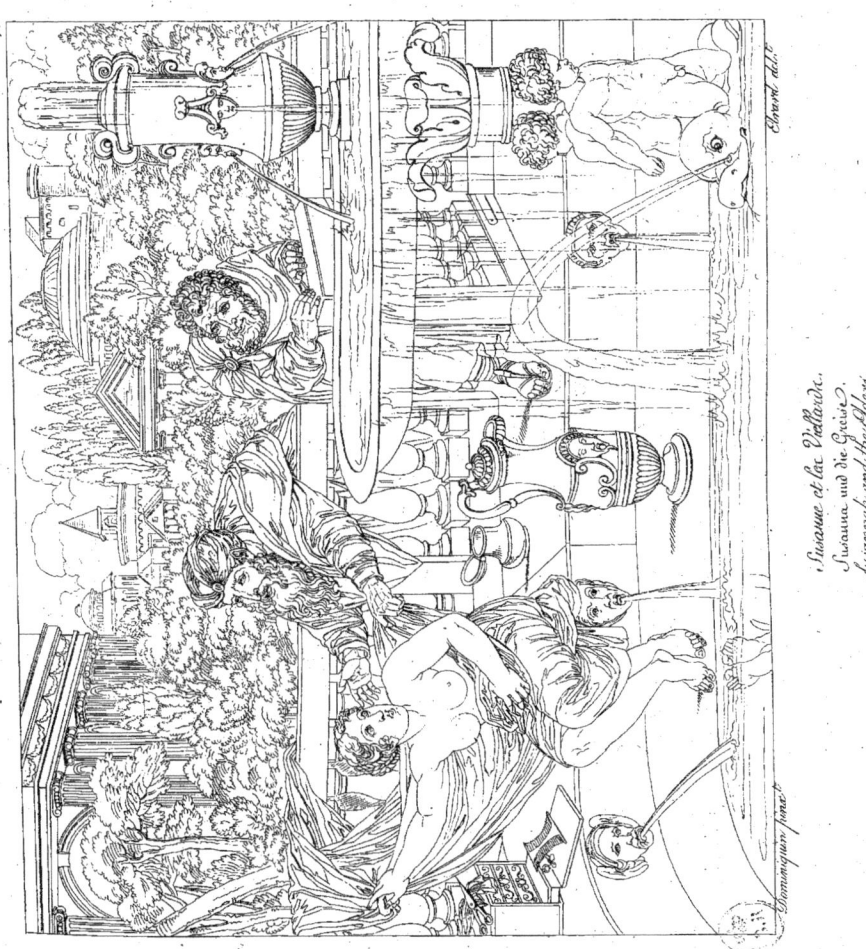

Susanne et les Vieillards.
Susanna und die Greise.
Susannah and the Elders.

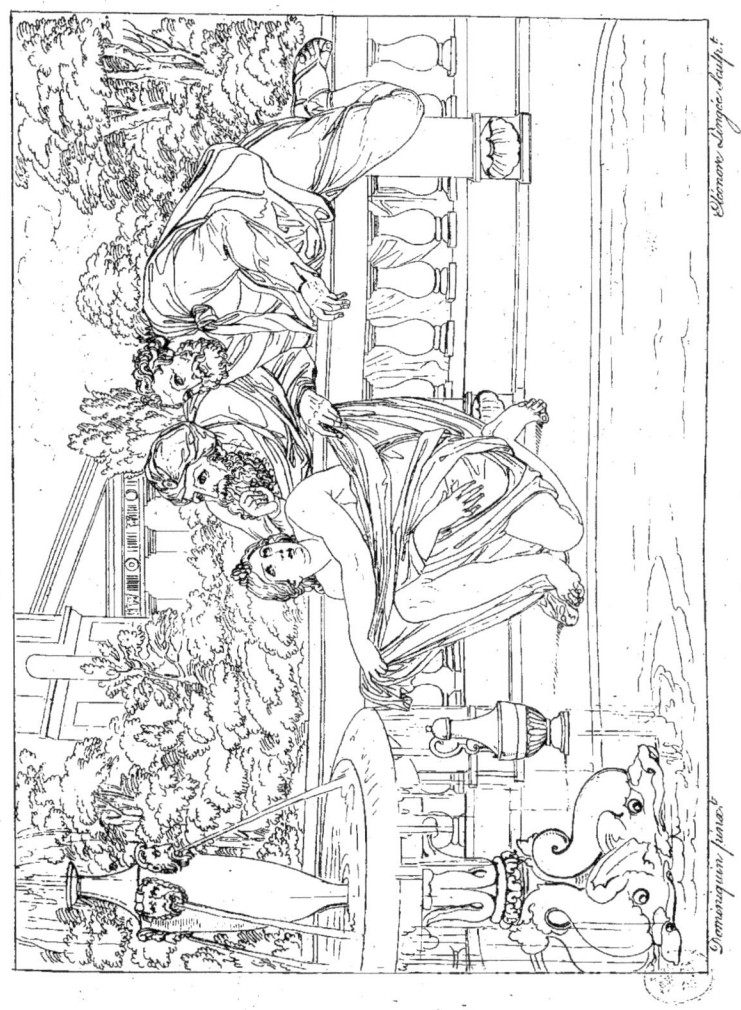

Susanne et les Vieillards.
Susanna und die Greise?
Susannah and the Elders.

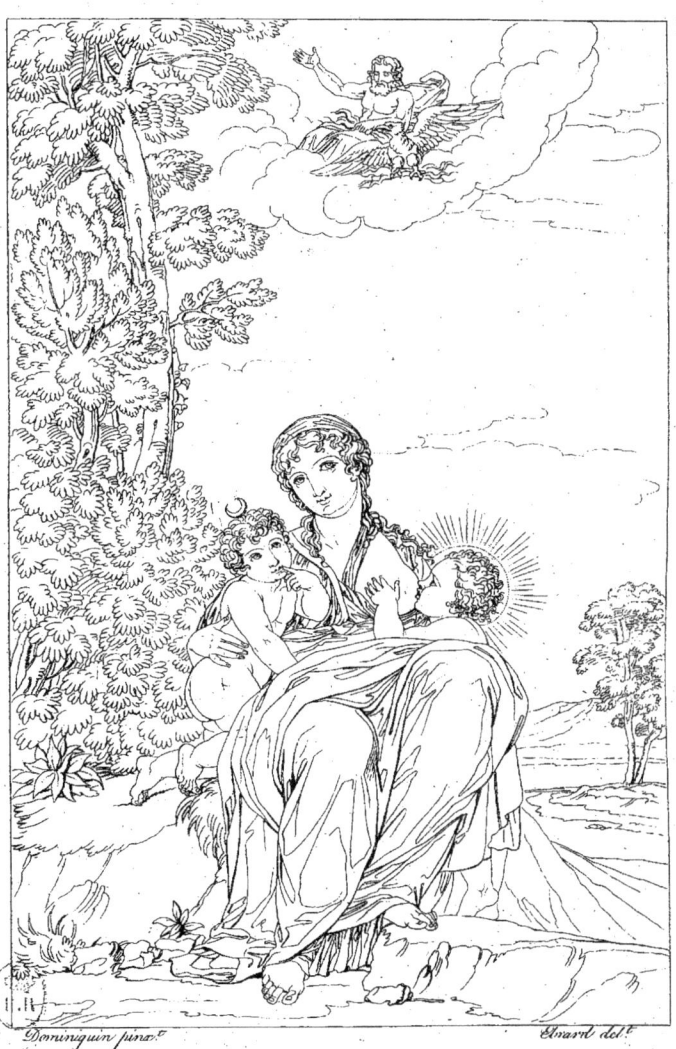

Latone allaite Diane et Apollon.
Latona nährt an ihrer brust Diana u Apollo.
Latona suckling Diana & Apollo.

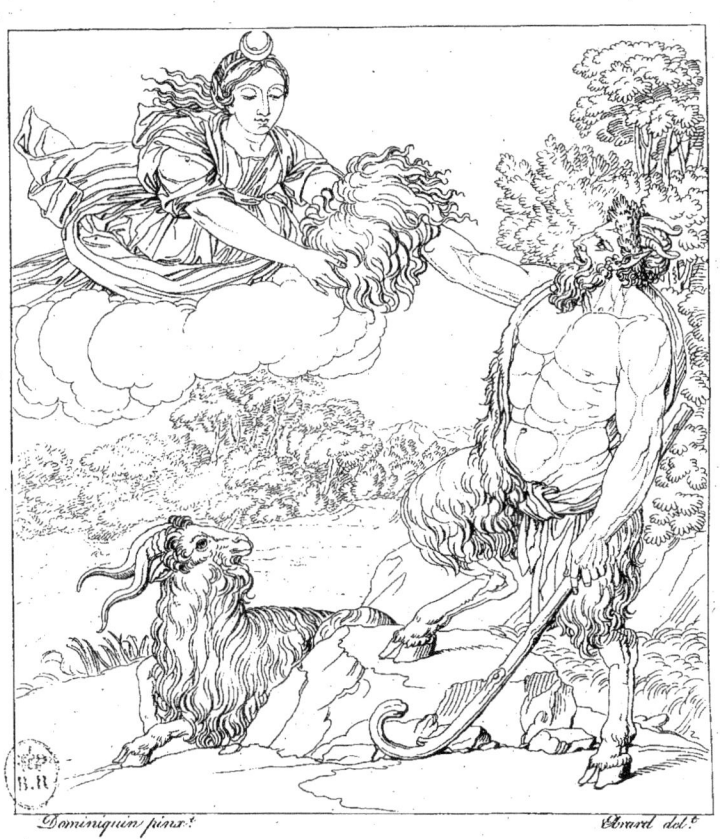

Pan offre à Diane la dépouille de ses troupeaux.
Pan bietet der Diana die Beute seiner Heerde an.
Pan offering to Diana the fleeces of his Flocks.

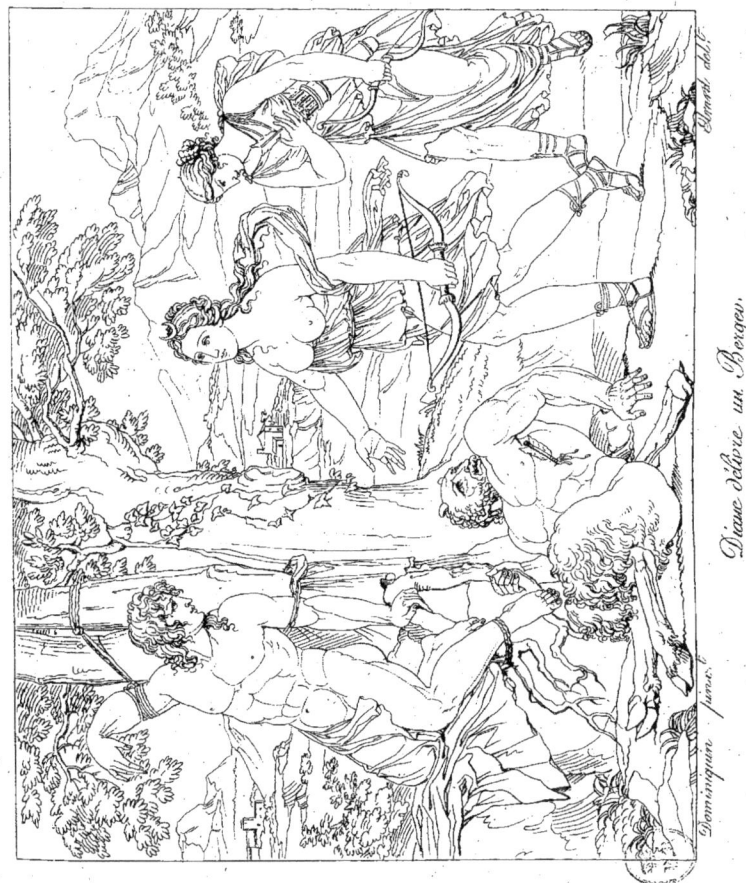

Diane delivre un Berger.
Diana befreyet einen Hirten.
Diana rescuing a Shepherd.

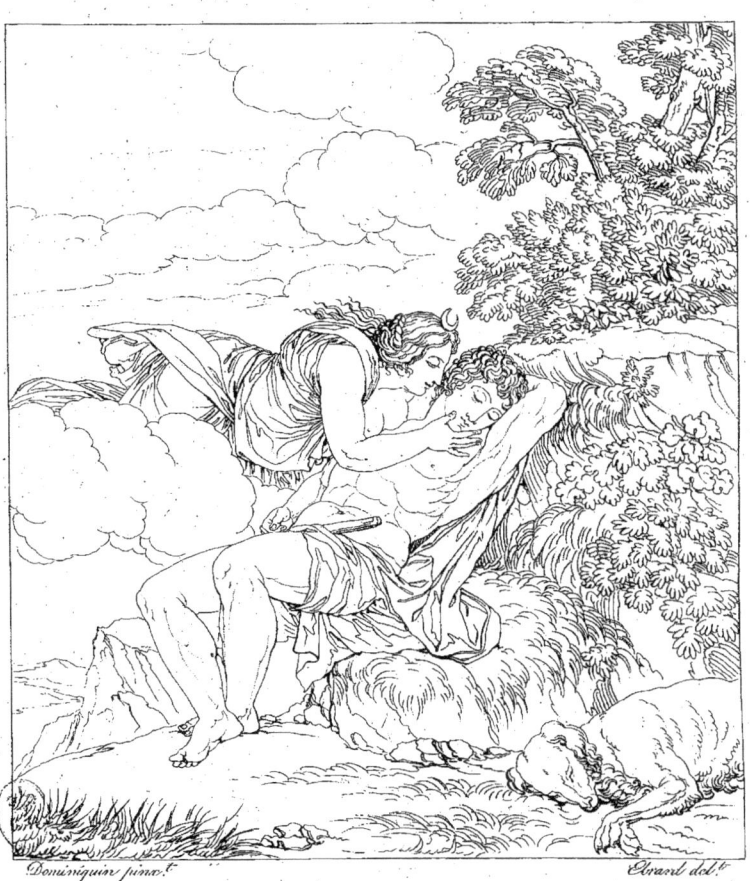

Diane et Endymion.
Diana und Endymion.
Diana & Endymion.

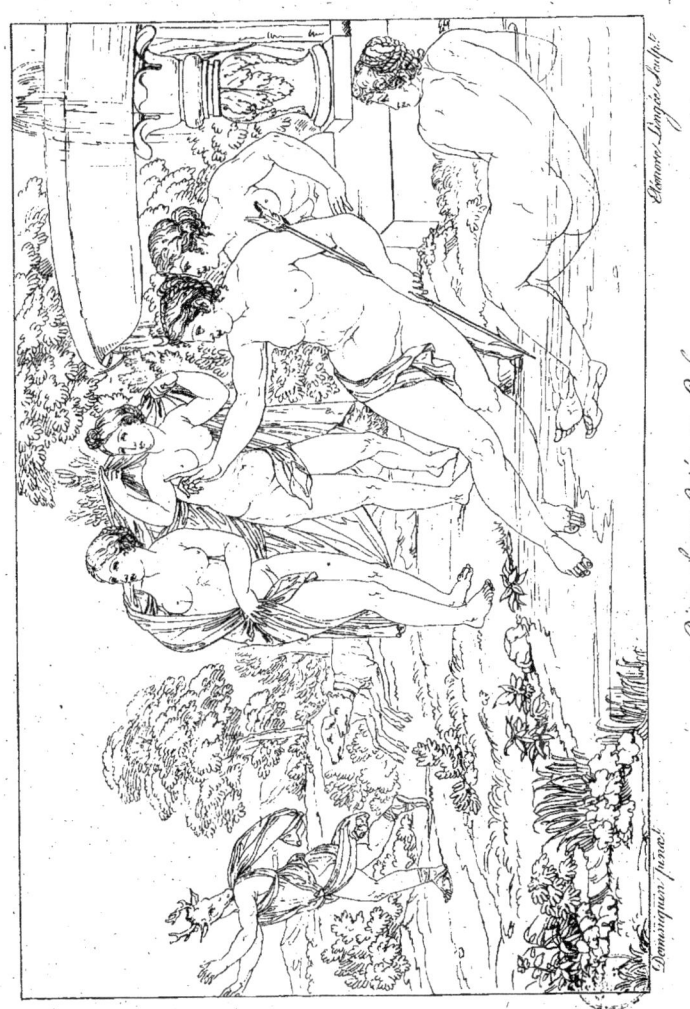

Diane change Acteon en Cerf.
Diana verwandelt den Acteon in einen Hirsch.
Diana transforming Actæon into a Stag.

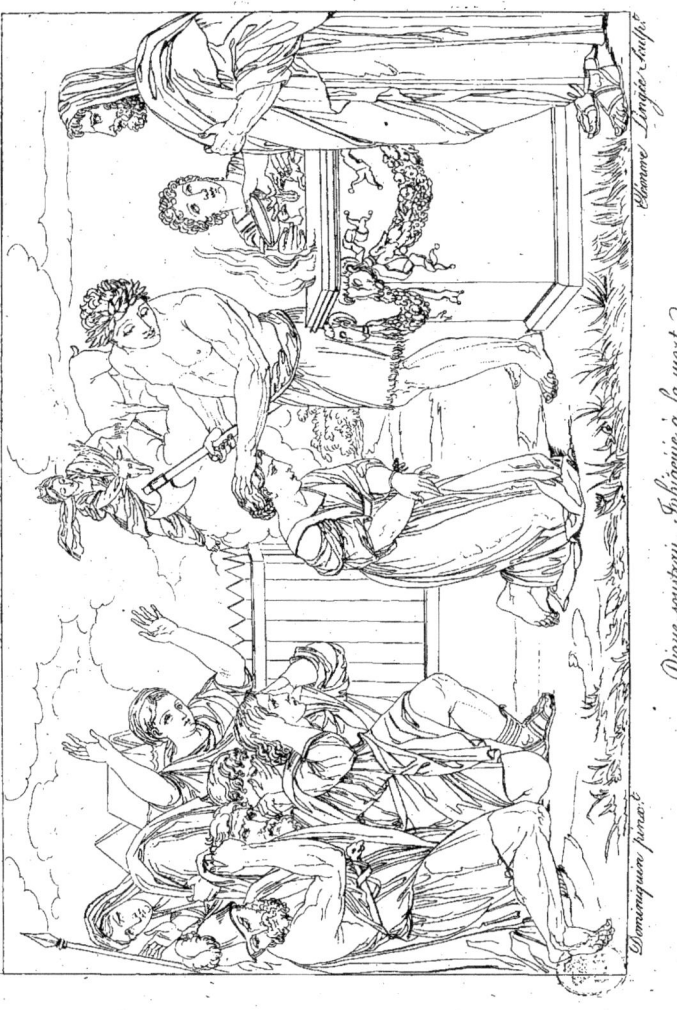

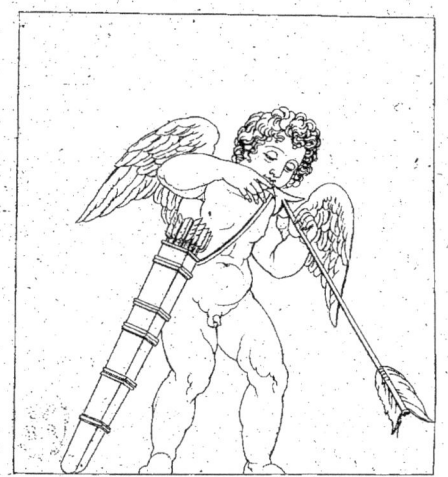
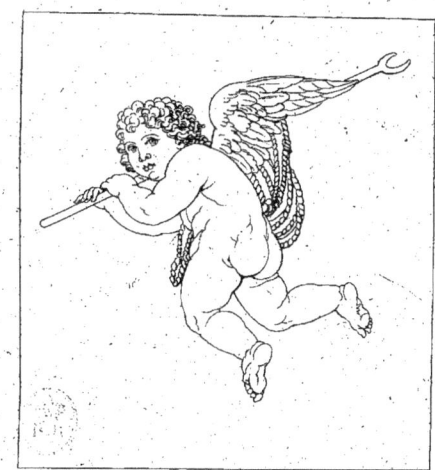
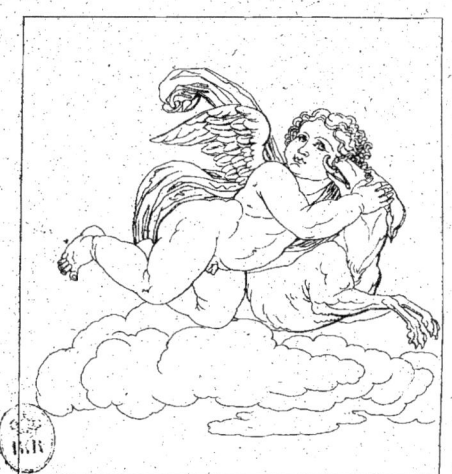
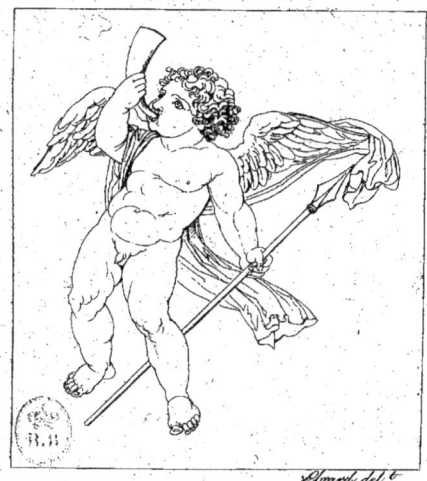

Génies avec les Attributs de Diane.
Genien mit den Sinnbildern der Diana.
Cupids with the Attributes of Diana.

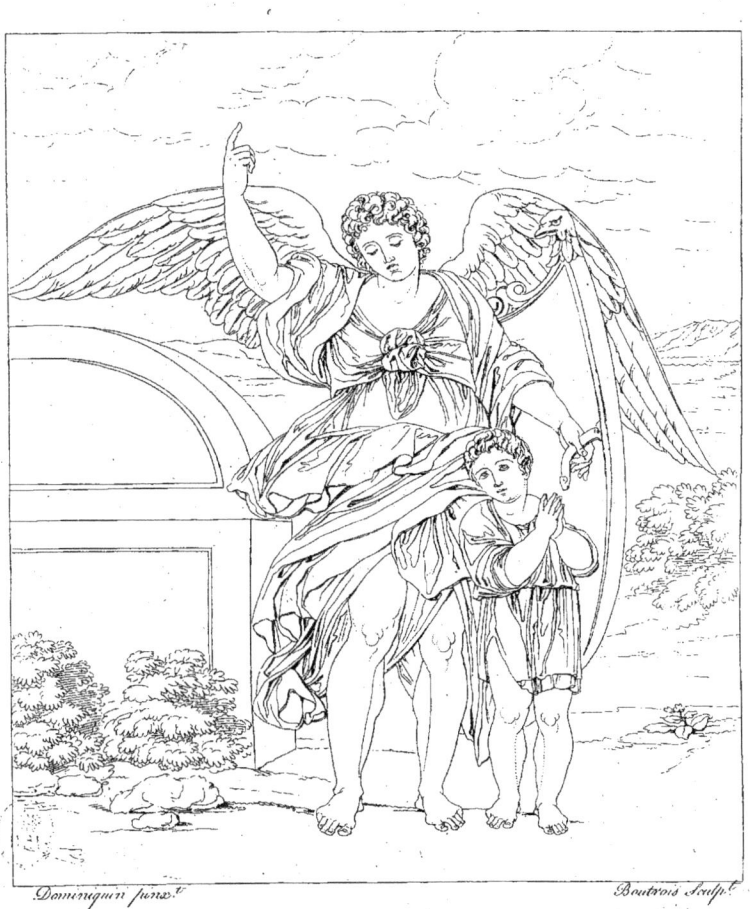

L'Ange Gardien.
Der Schutz-Engel.
The Guardian Angel.

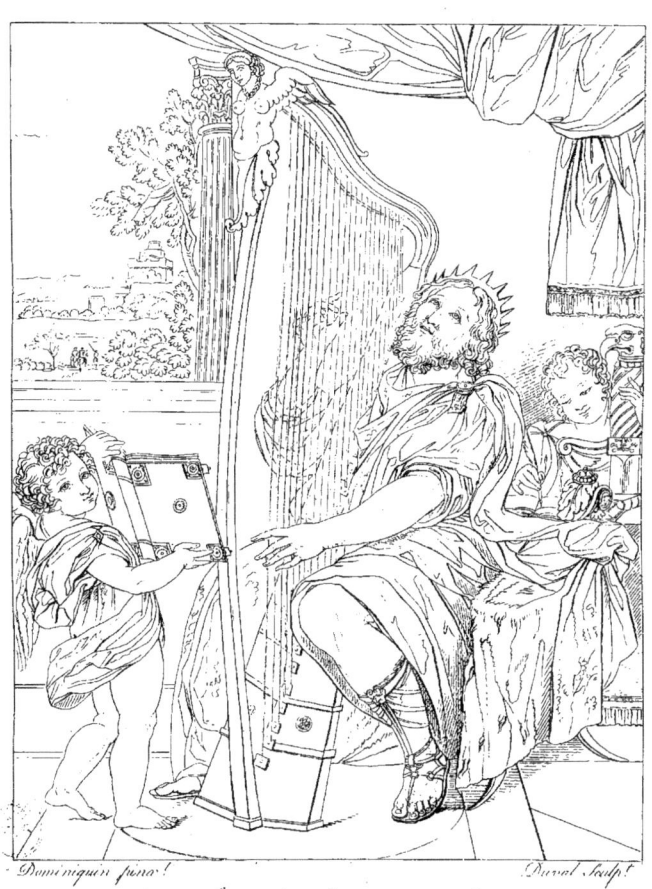

Dominiquin pinx. *Duval Sculp.*

David chante les Louanges du Seigneur.
David singt das Lob des Herrn.
David singing the Praises of God.

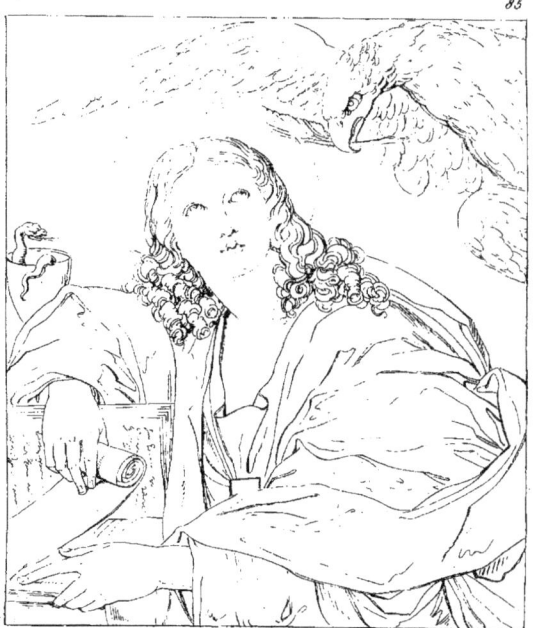

St Jean l'Evangéliste.
St Johannes der Evangelist.
St John the Evangelist.

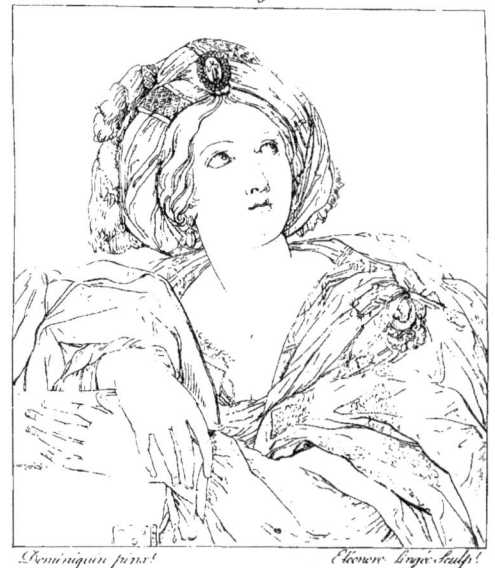

Dominiquin pinxt.   Eléonore Tinget Sculpt.

Une Sibylle.
Eine Sibylle.
A Sibyll.

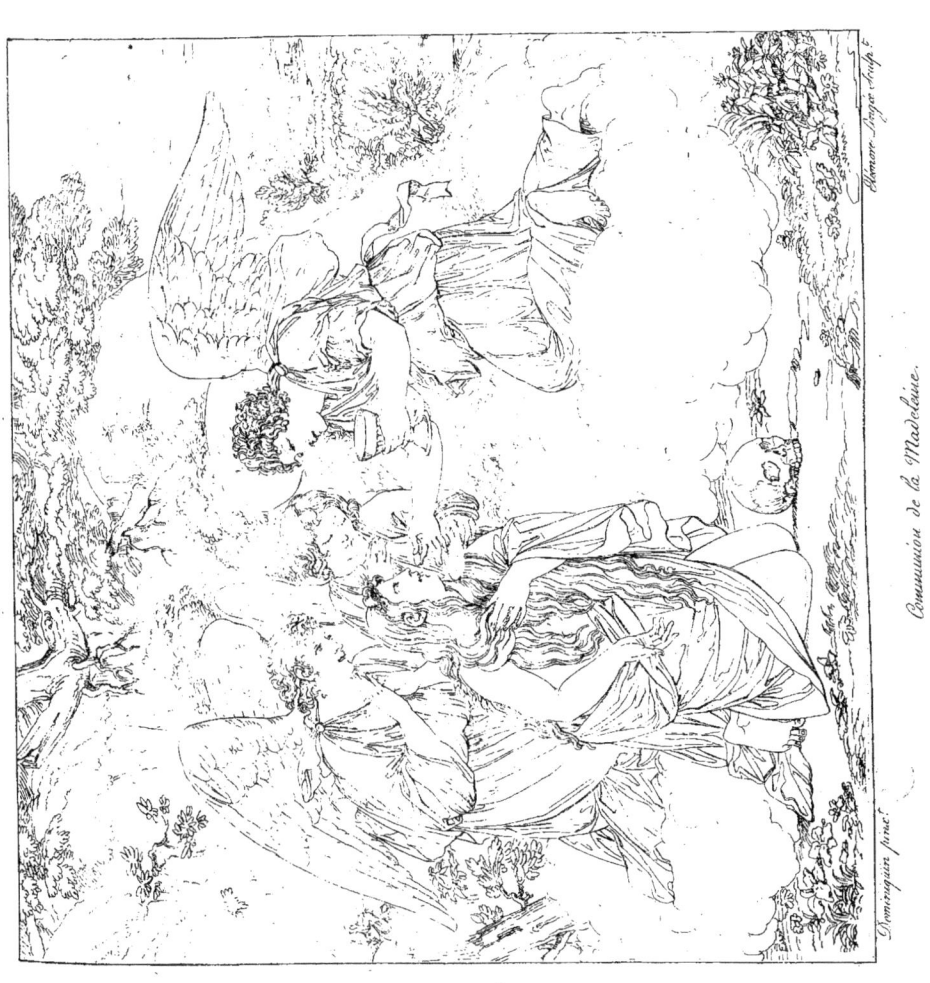

Communion de la Madeleine.
Magdalene empfangt das Abendmahl.
The Communion of Mary Magdalen.

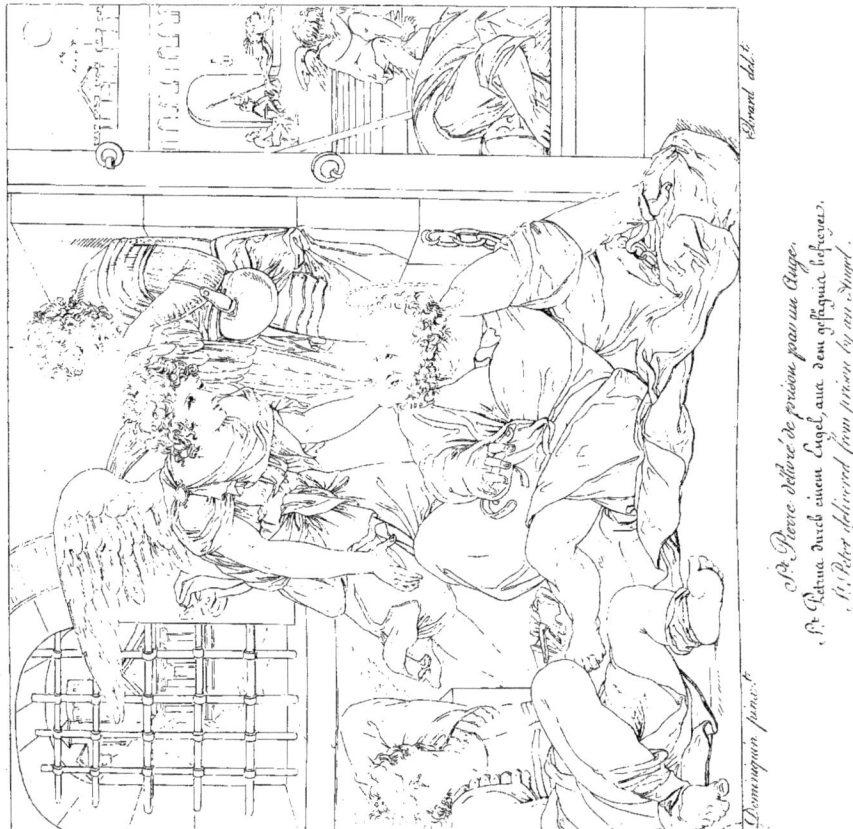

St. Pierre delivré de prison par un Ange.
St. Petrus durch einen Engel aus dem gefängnis befreyet.
St. Peter delivered from prison by an Angel.

Dominiquin pinx.t Ebenem Singer Sculp.t

Le Ravisement de St. Paul.
Die Entzückung des Bgn Paulus.
The Rapture of St. Paul.

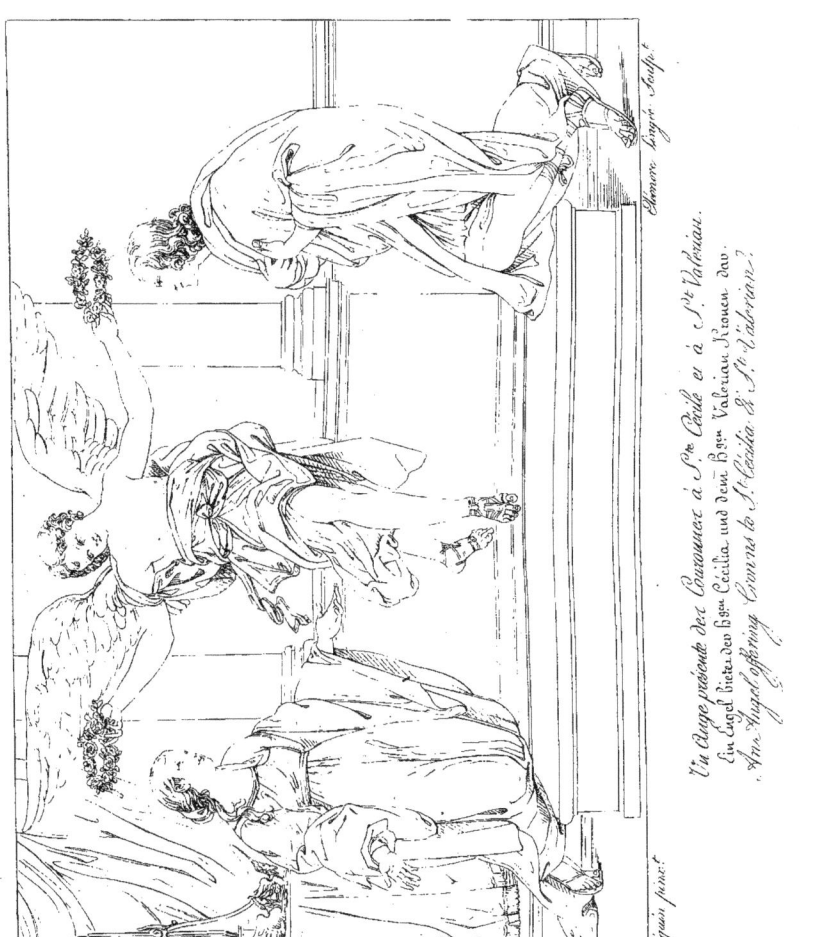

Dominiquin pinx.t   *Eleonore Linger Sculp.t*

Un Ange presente des Couronnes à S.te Cécile et à S.t Valerien.
Ein Engel bietet der H.gen Cecilia und dem H.gen Valerian Kronen dar.
An Angel offering Crowns to S.t Cecilia & S.t Valerian.

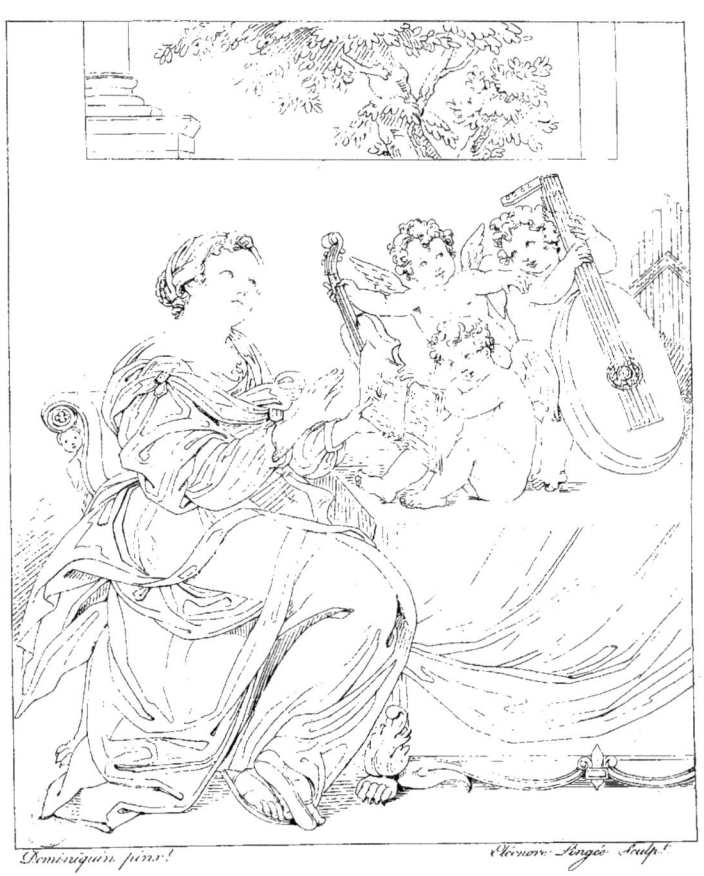

Ste Cécile.
St Cecilia.
St Cecilia.

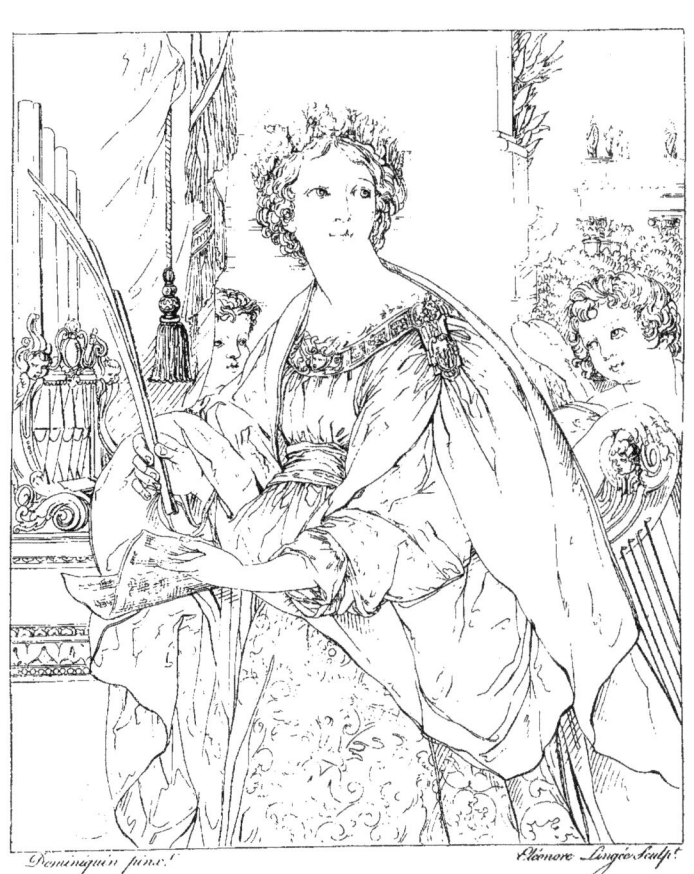

Ste Cécile.
St. Cecilia.
S. Cecilia.

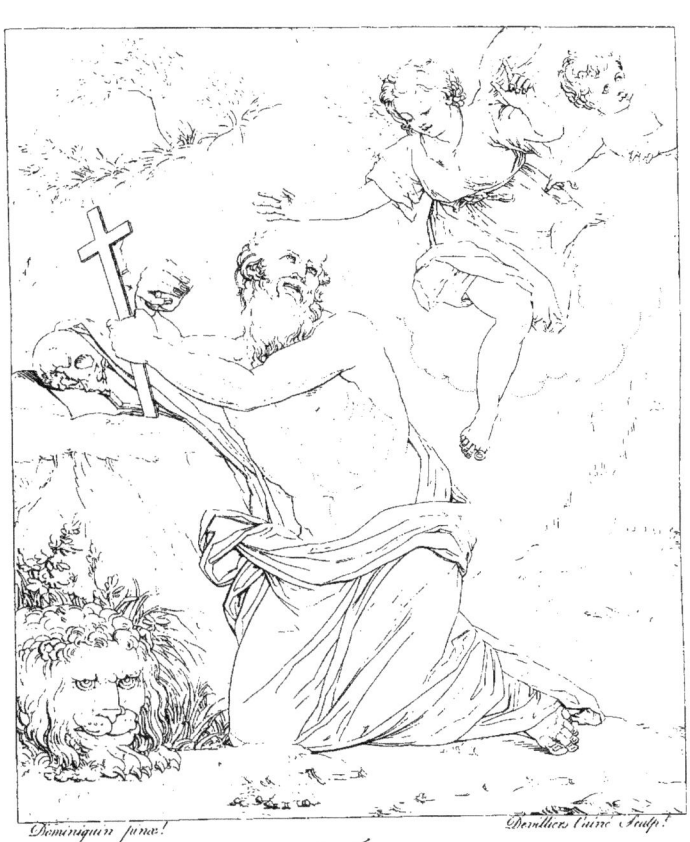

St. Jérome.
St. Hieronimus.
St. Jerom.

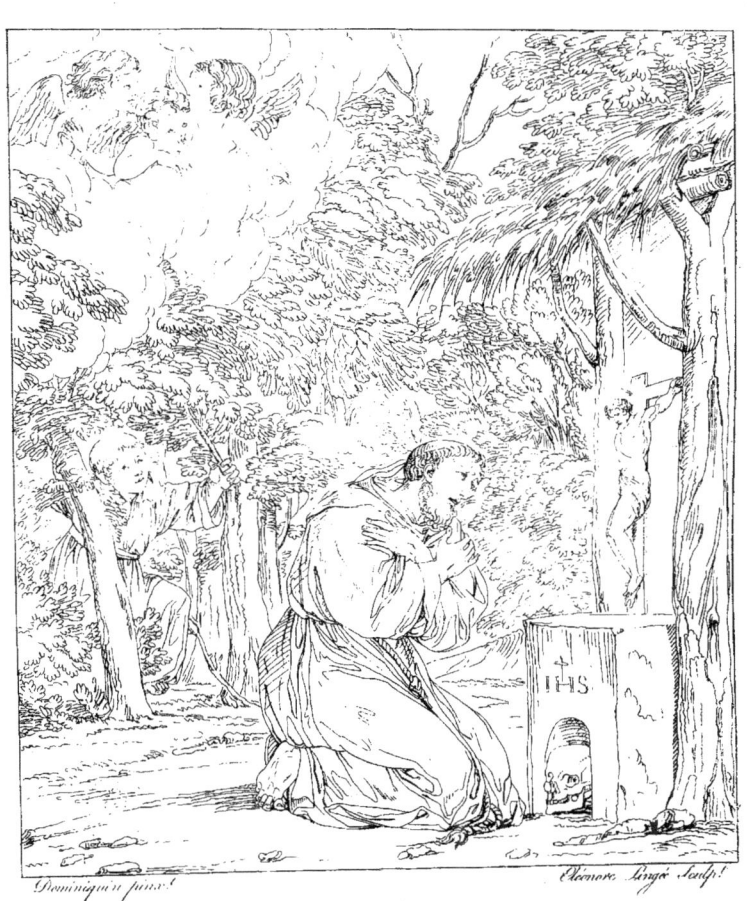

St François.
Sta Francisca.
St Francis.

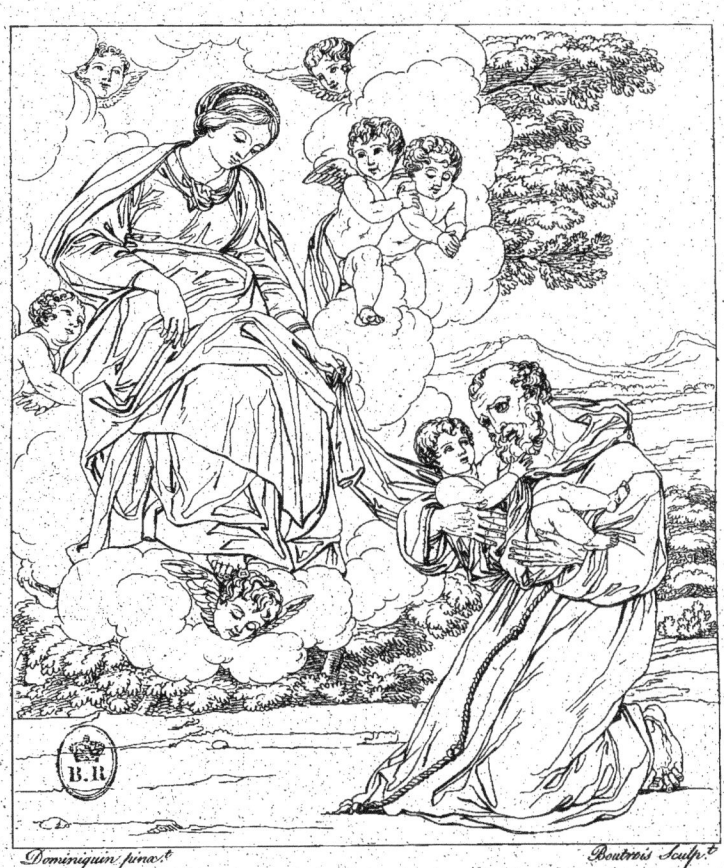

Dominiquin pinx.t   Boutrois Sculp.t

La Vierge présente l'Enfant-Jésus à S.t Antoine de Padoue.
Die B.te Jungfrau bietet dem H.rn Antonius von Padua das Kind Jesu dar.
The Virgin presenting the Infant Jesus to S.t Anthony of Padua.

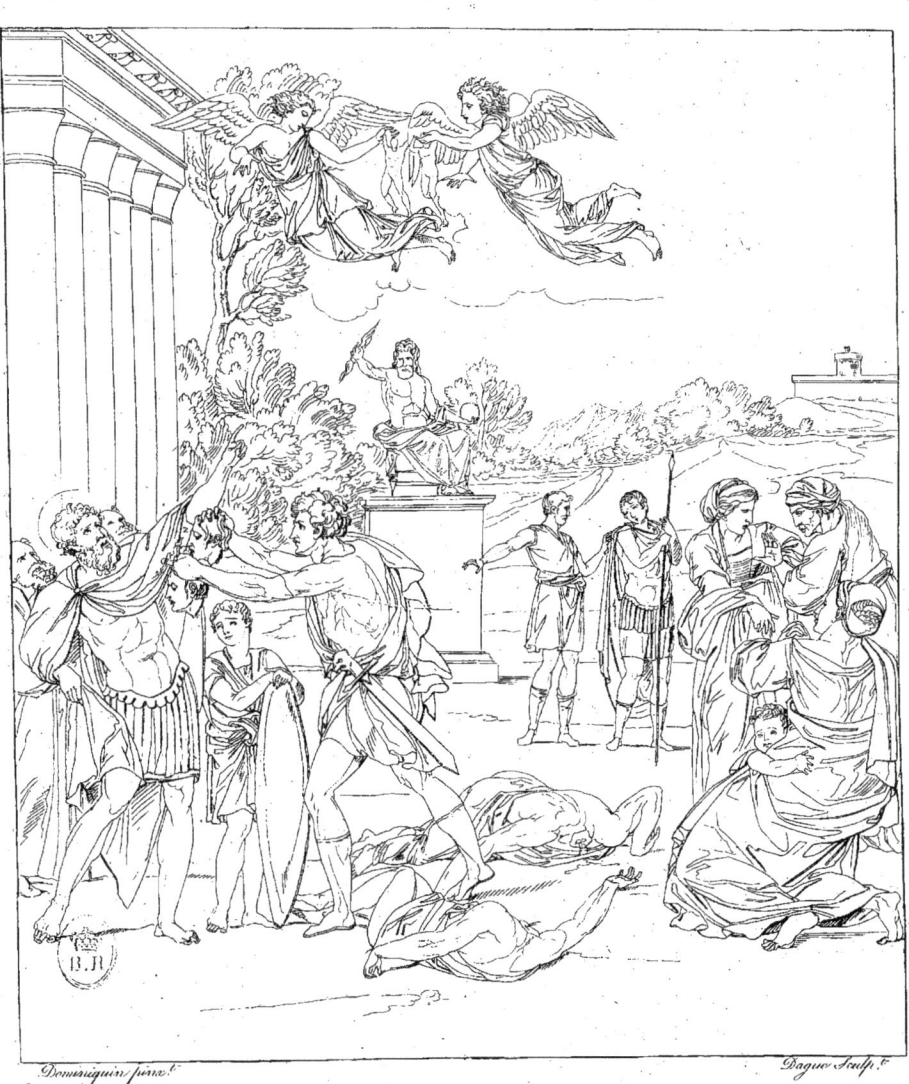

Martyre de deux Saints.
Der Märtyrer tod zweyer Heiligen.
Martyrdom of two Saints.

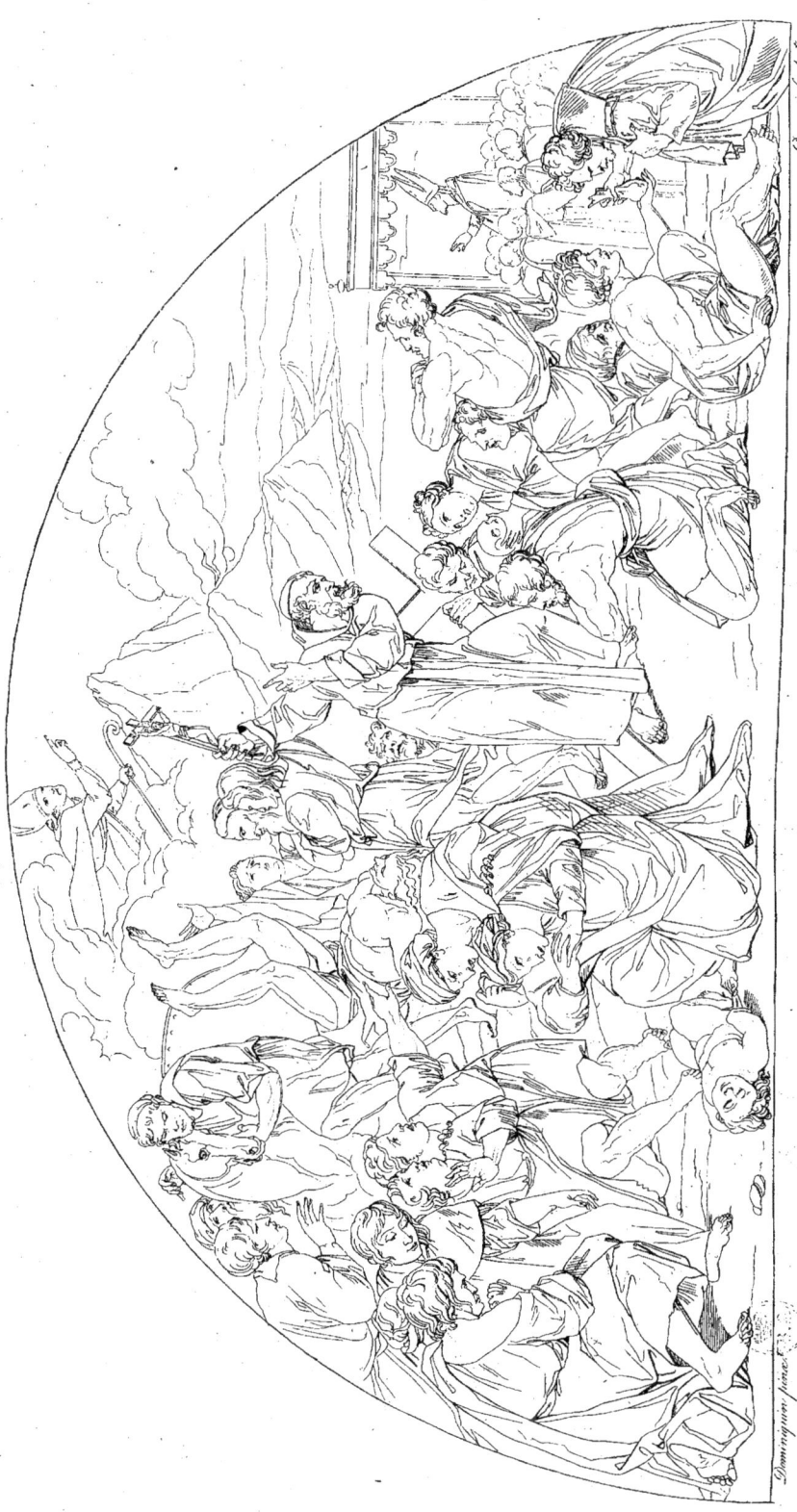

St. Janvier apparait aux Napolitains pendant une éruption du Vésuve.
Der hlge. Januarius erscheint den Neapolitanern während dem ausbruch des Vesuvs.
St. Januarius appearing to the Neapolitans during an eruption of Vesuvius.

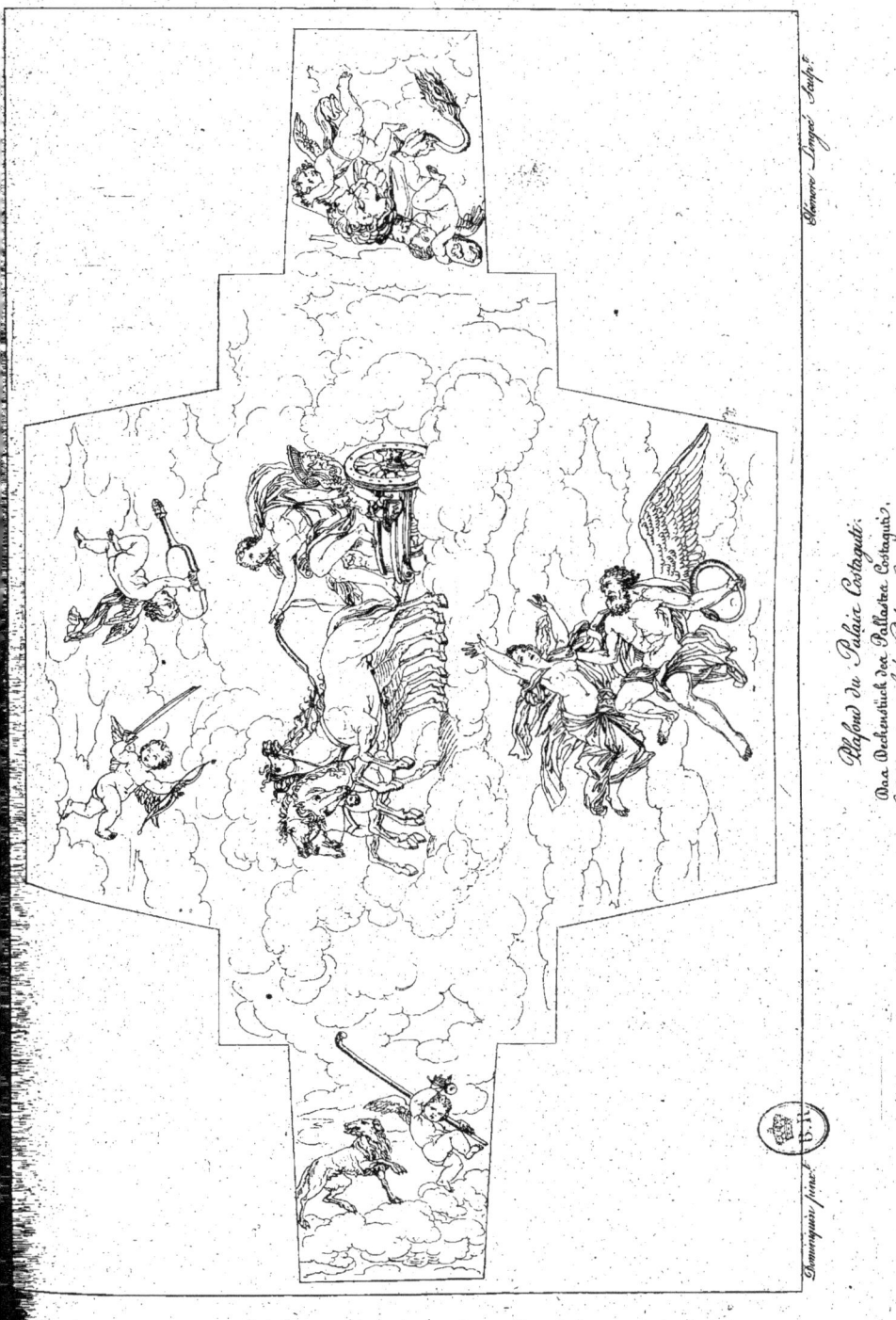

Plafond du Palais Costaguti.
Das Deckenstück des Pallastes Costaguti.
Ceiling-piece of the Palace Costaguti.

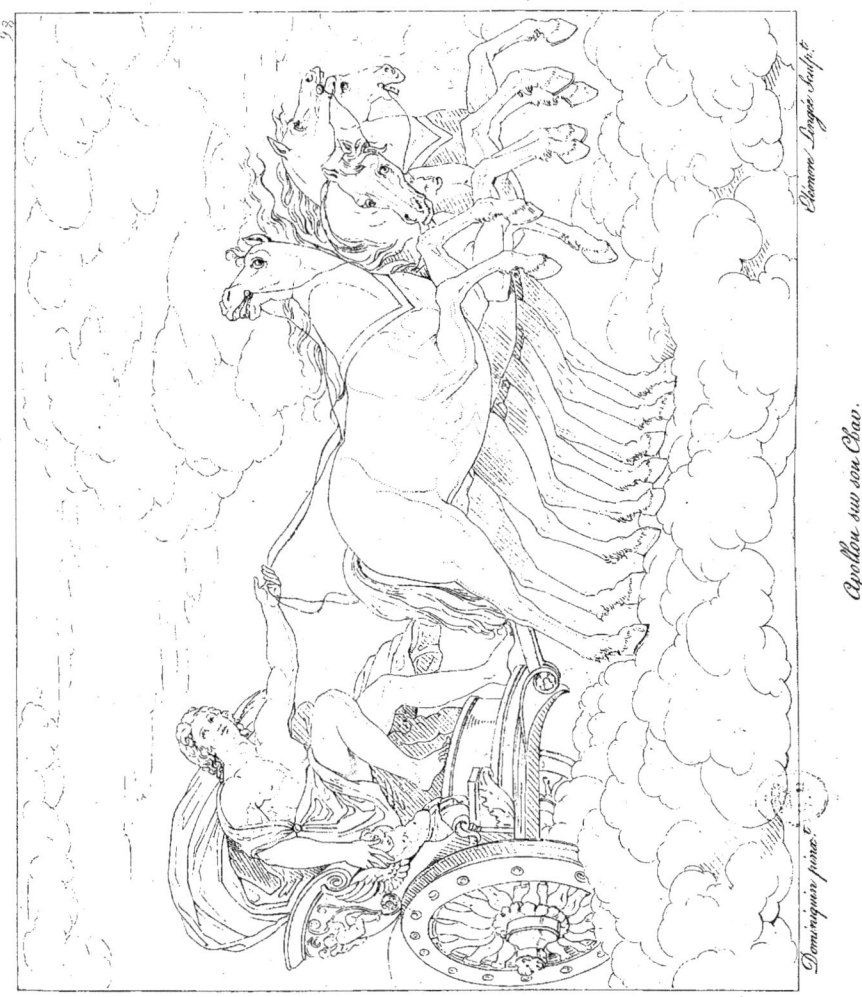

Dominiquin pinx.t   Simone Legos sculp.t

Apollon sur son Char.
Apollo auf einem Wagen.
Apollo in his Car.

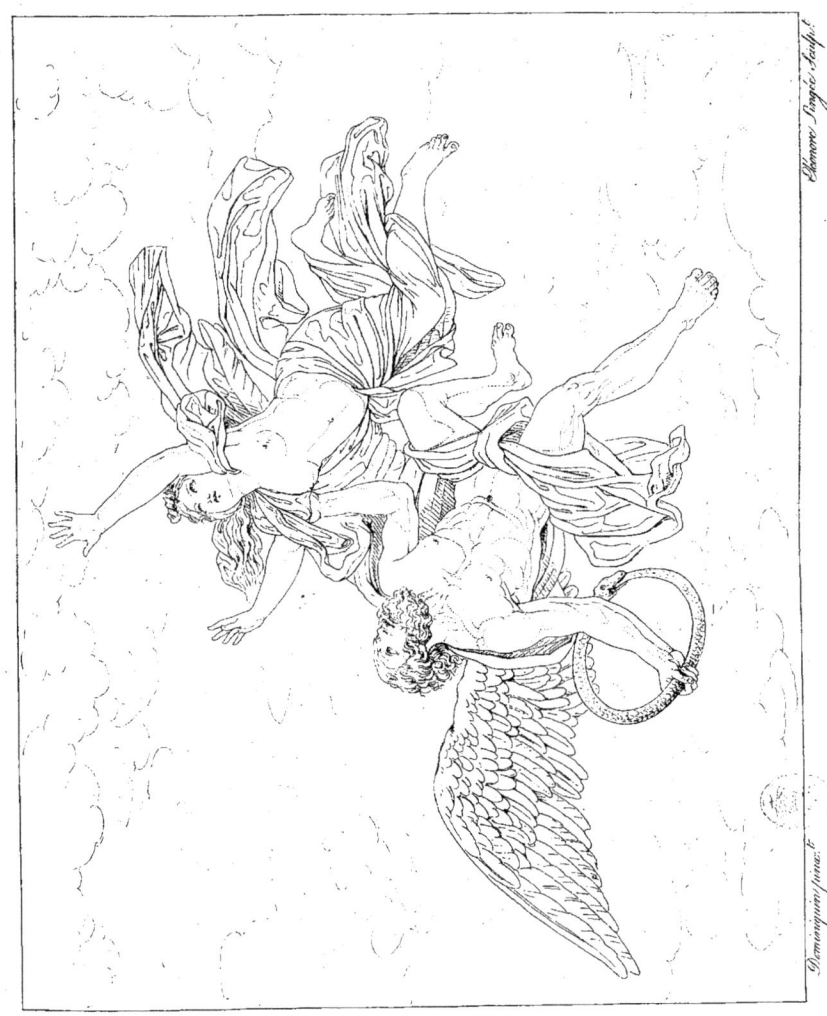

Domenquin pinx.t Simone Singer sculp.t

Le Temps fait triompher la Verité.
Die Wahrheit siegt mit der Zeit.
Time causing Truth tr Triumph.

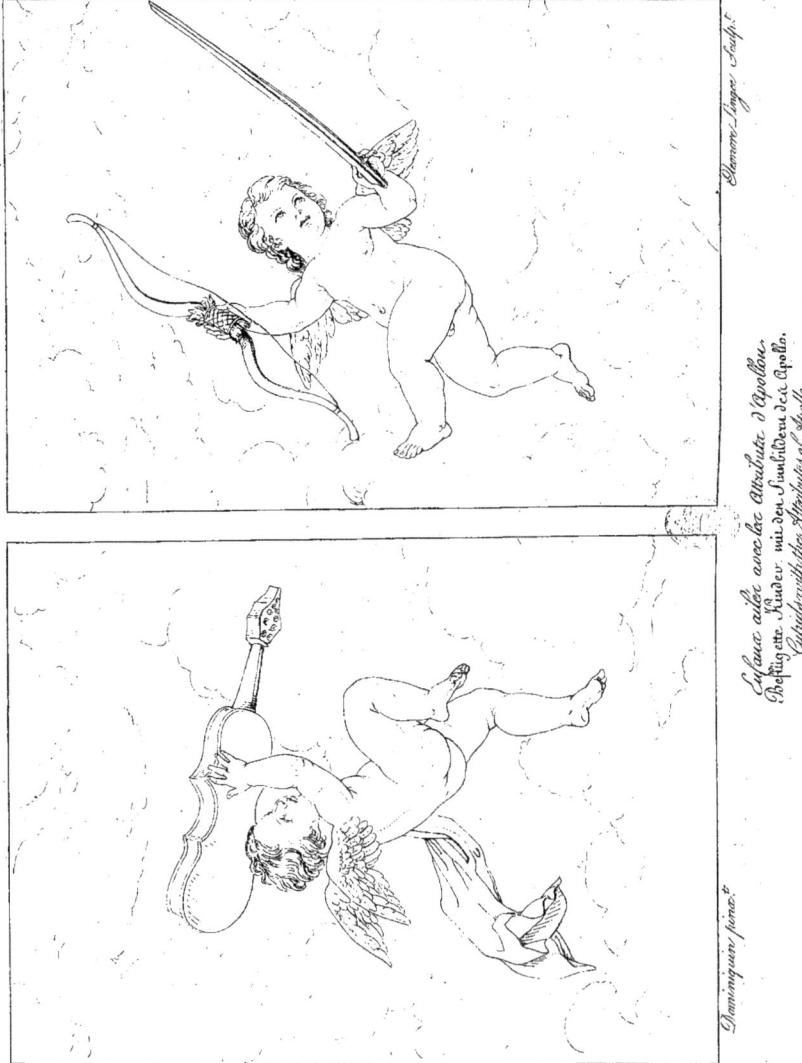

Dominiquin pinx.t Simon Linger Sculp.t

Enfans ailés avec les Attributs d'Apollon.
Beflügelte Kinder mit den Sinnbildern des Apollo.
Cupids with the Attributes of Apollo.

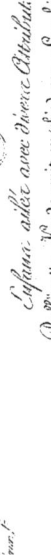

Enfans ailés avec divers Attributs.
Beflügelte Knaben mit verschiedenen Sinnbildern.
Cupids with divers Attributes.

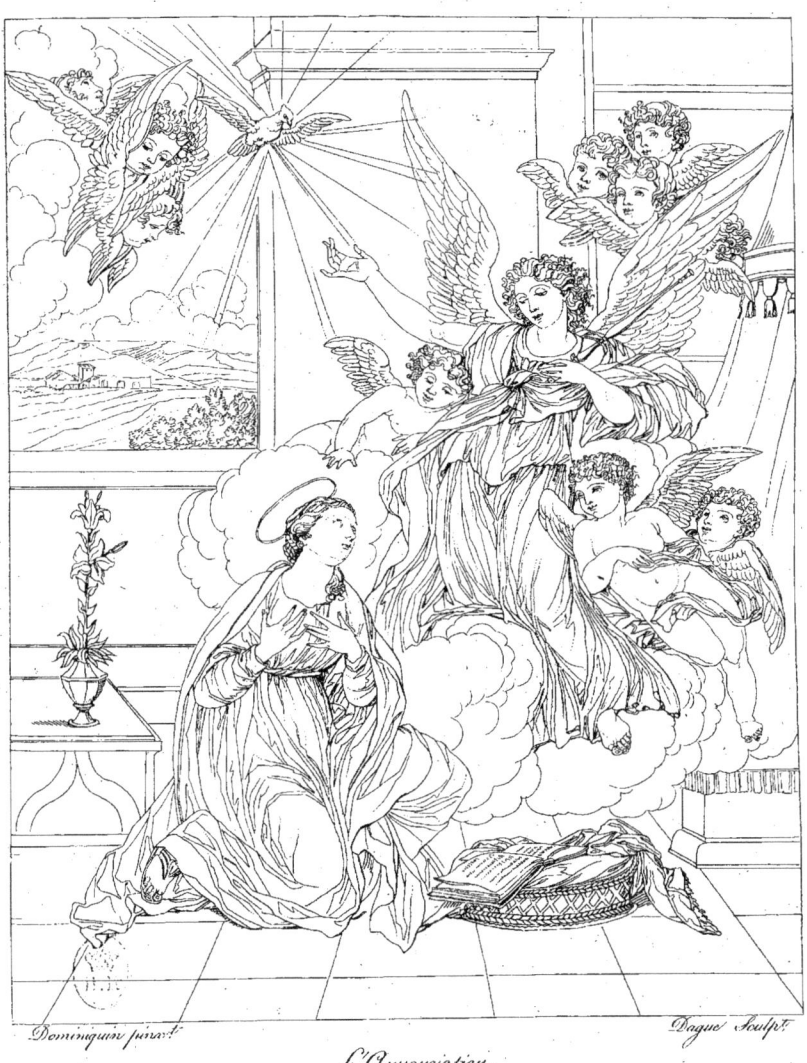

L'Annonciation.
Die Verkündigung Mariä.
The Annunciation.

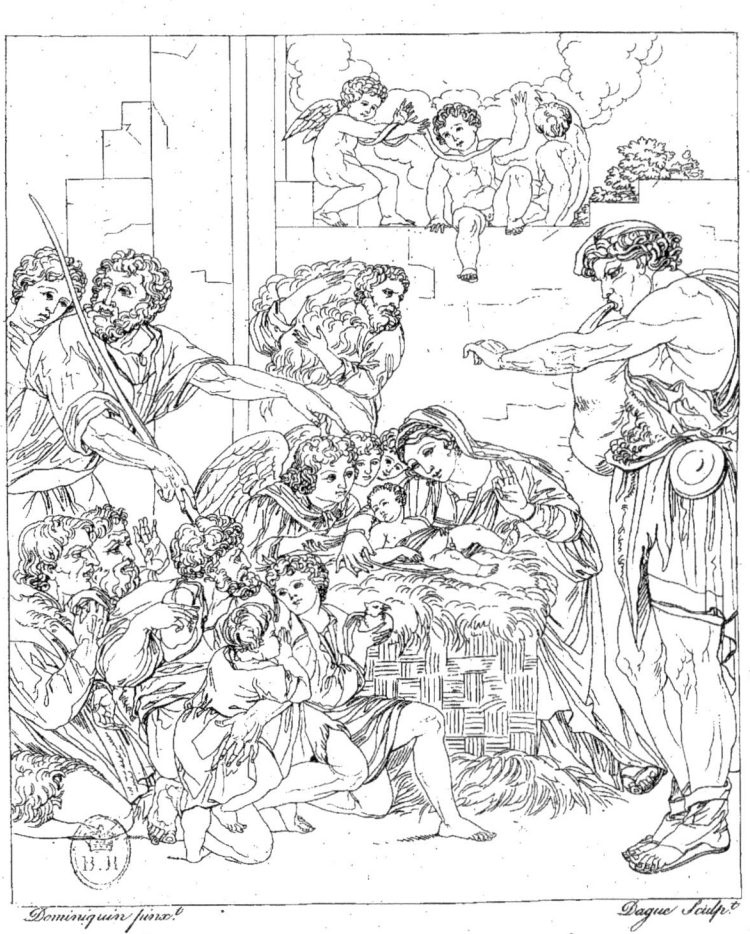

Dominiquin pinx.t   Dague Sculp.t

La Nativité.
Die Geburt Christi.
The Nativity.

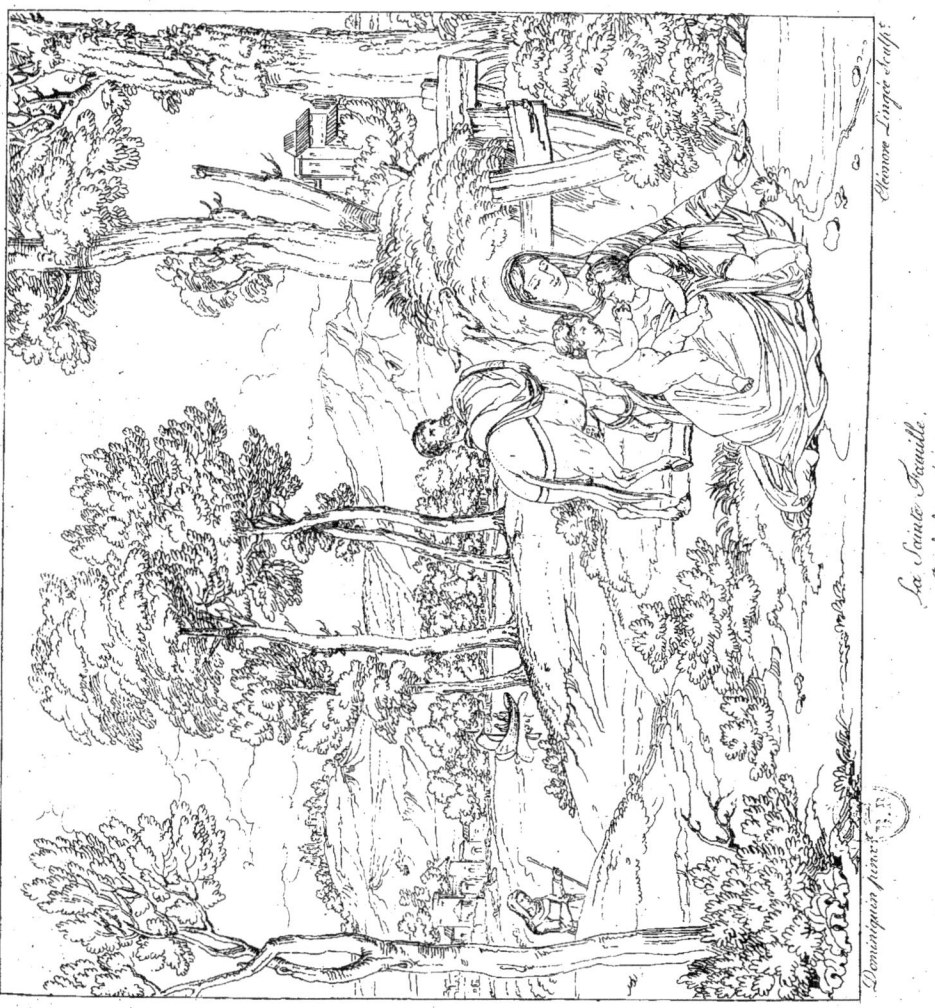

La Sainte Famille.
Die heilige Familie.
The Holy Family.

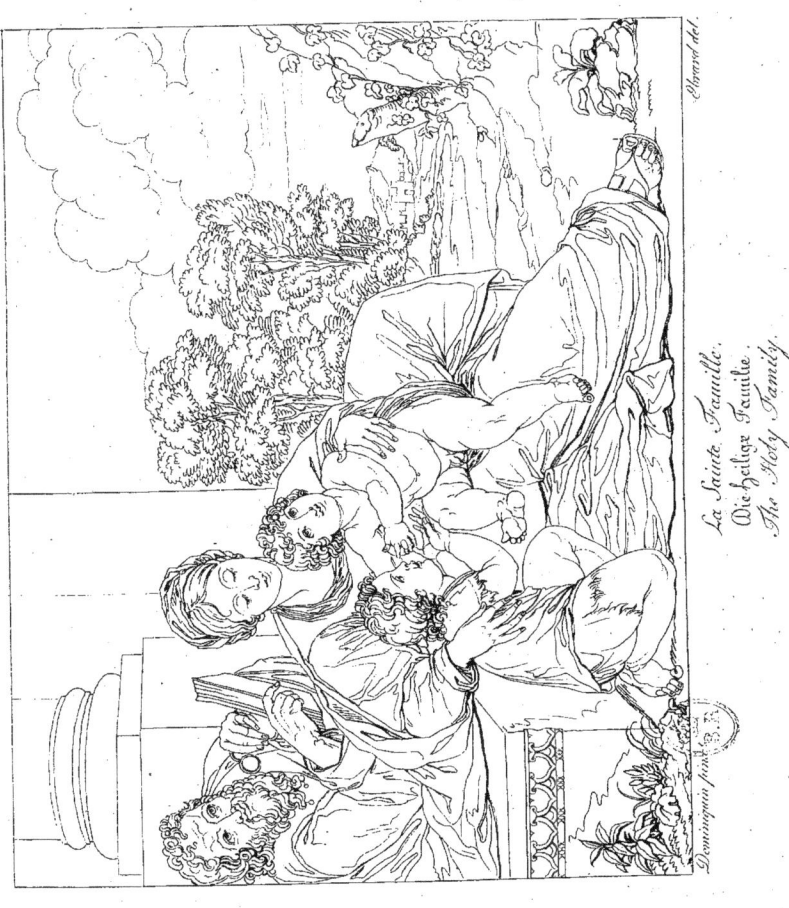

La Sainte Famille.
Die heilige Familie.
The Holy Family.

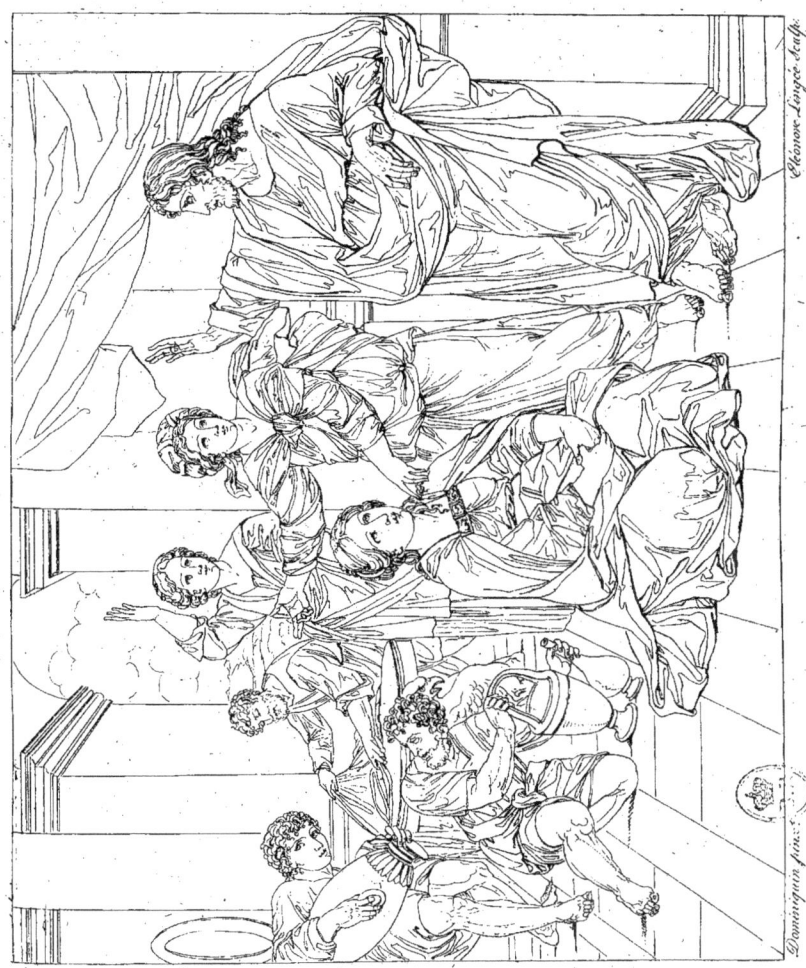

Jesus chez Marthe et Marie.
Jesus bey Martha und Maria.
Jesus at the house of Martha & Mary.

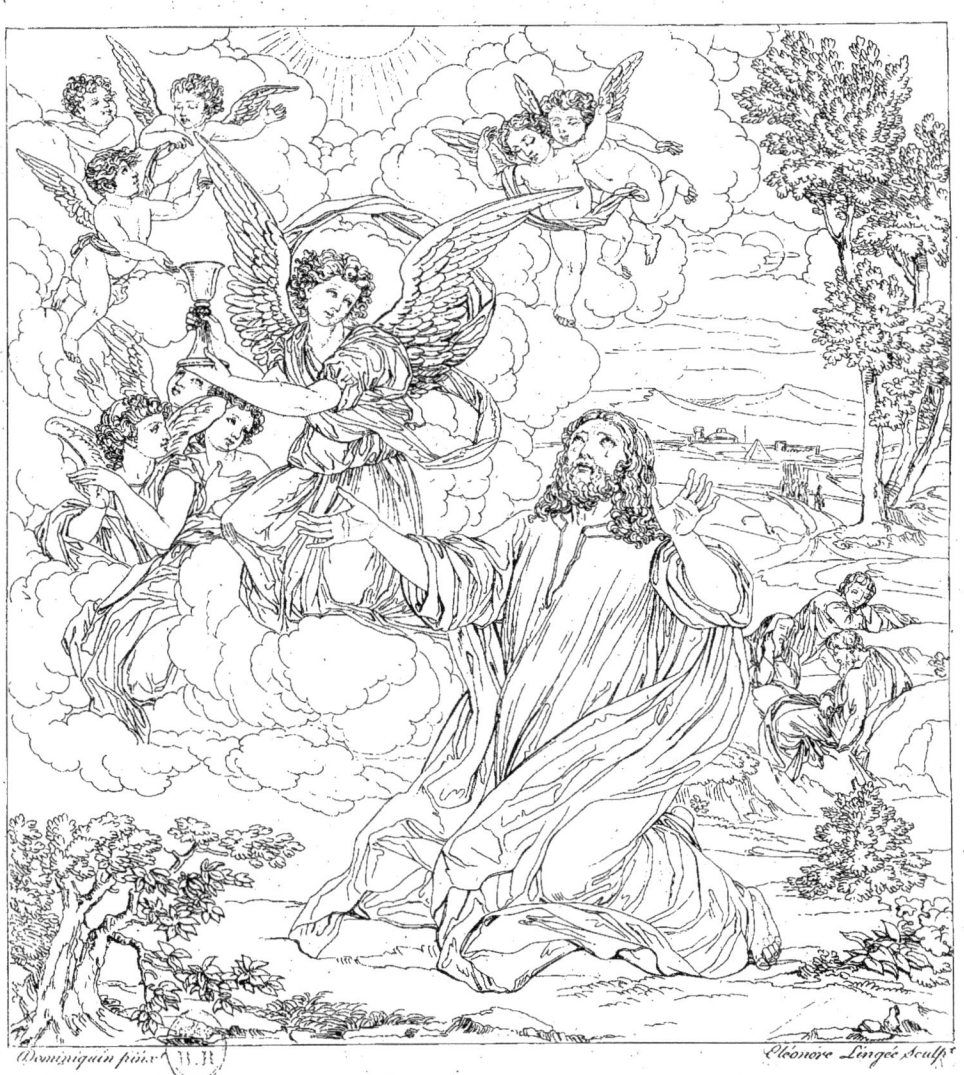

Jesus-Christ au Jardin des Oliviers.
Jesus im Garten am Oehlberg.
Jesus Christ in the Garden of Olives.

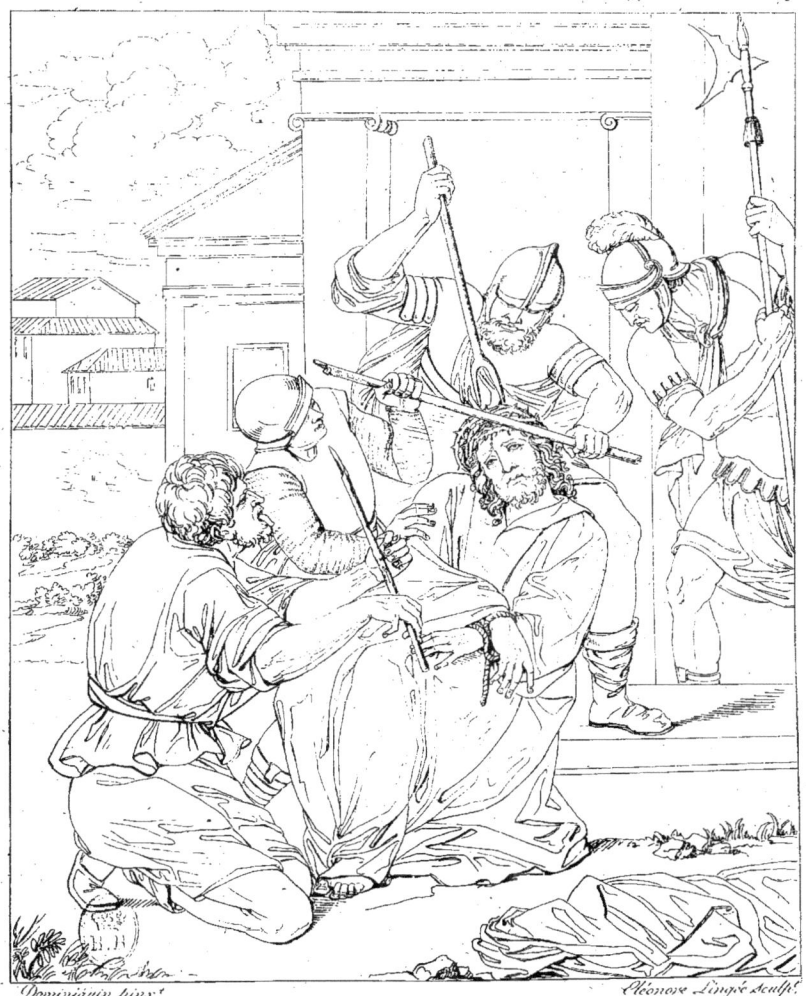

Le Couronnement d'Épines.
Die Dornen Krönung.
The Crowning with Thorns.

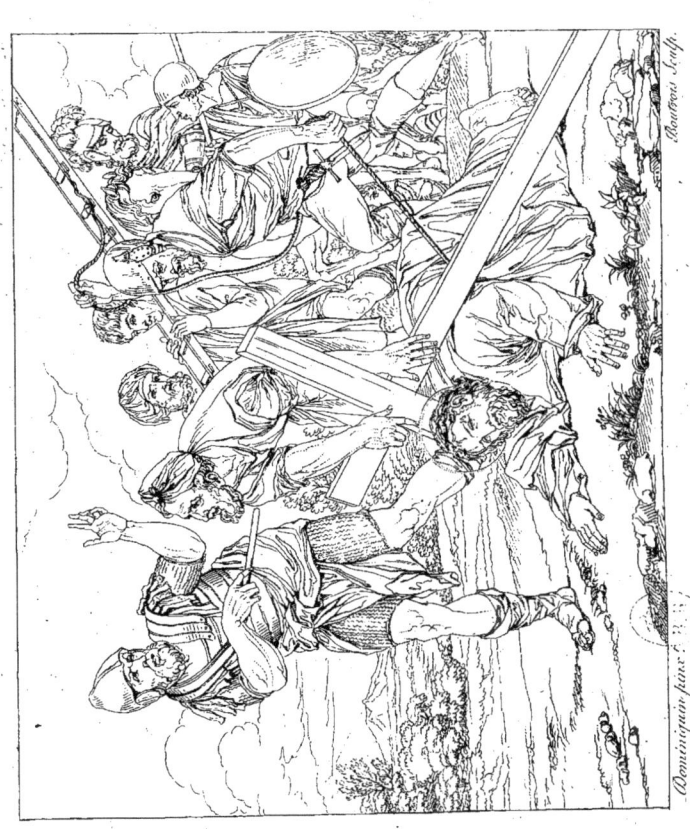

Jesus-Christ portant sa Croix.
Jesus trägt das Kreutz.
Jesus Christ bearing his Cross.

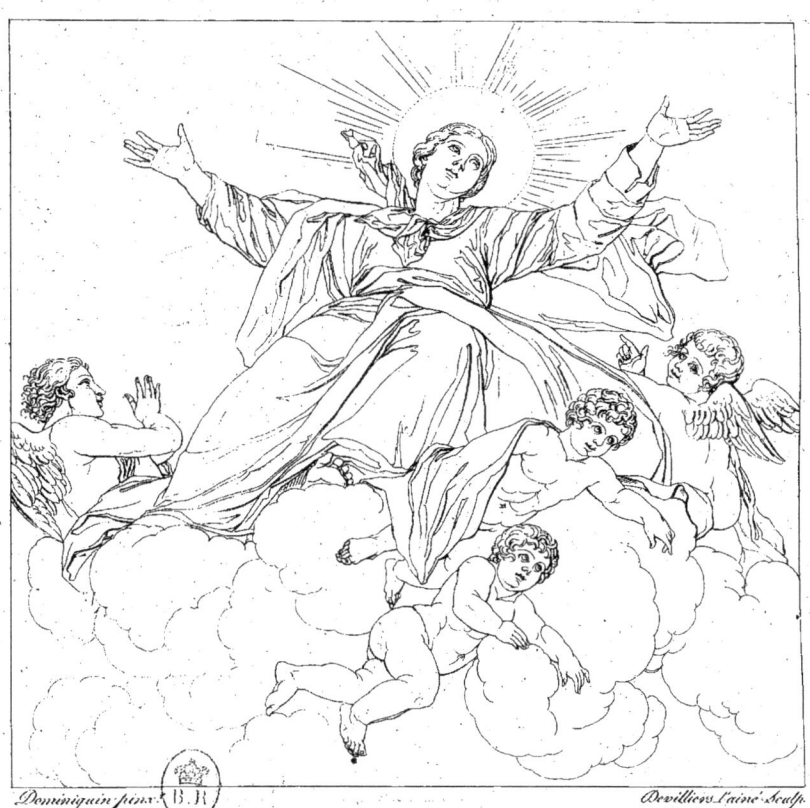

L'Assomption.
Die Himmelfahrt der Jung frau Maria.
The Assomption.

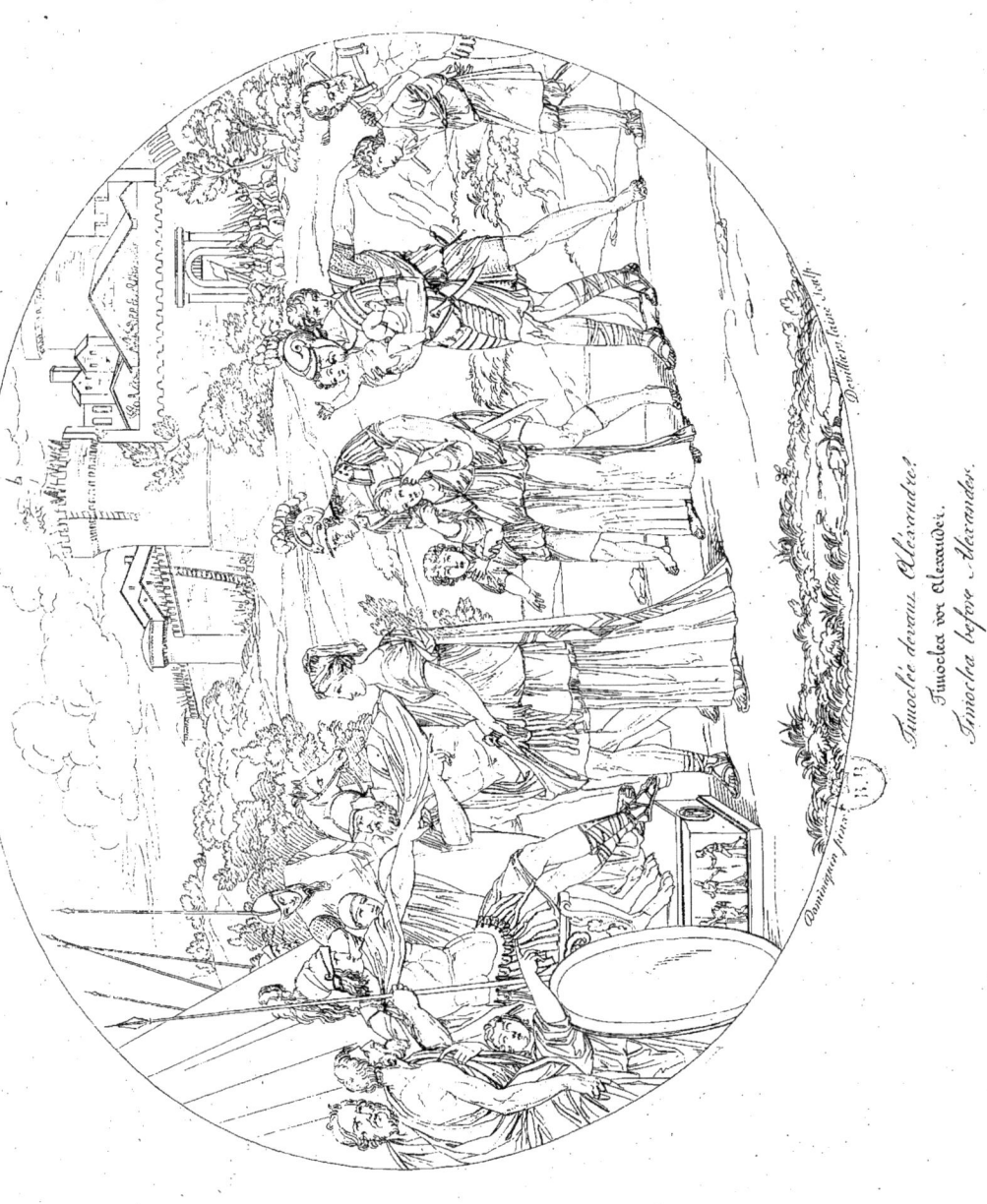

Timoclée devant Alexandre.
Timocles vor Alexander.
Timoclea before Alexander.

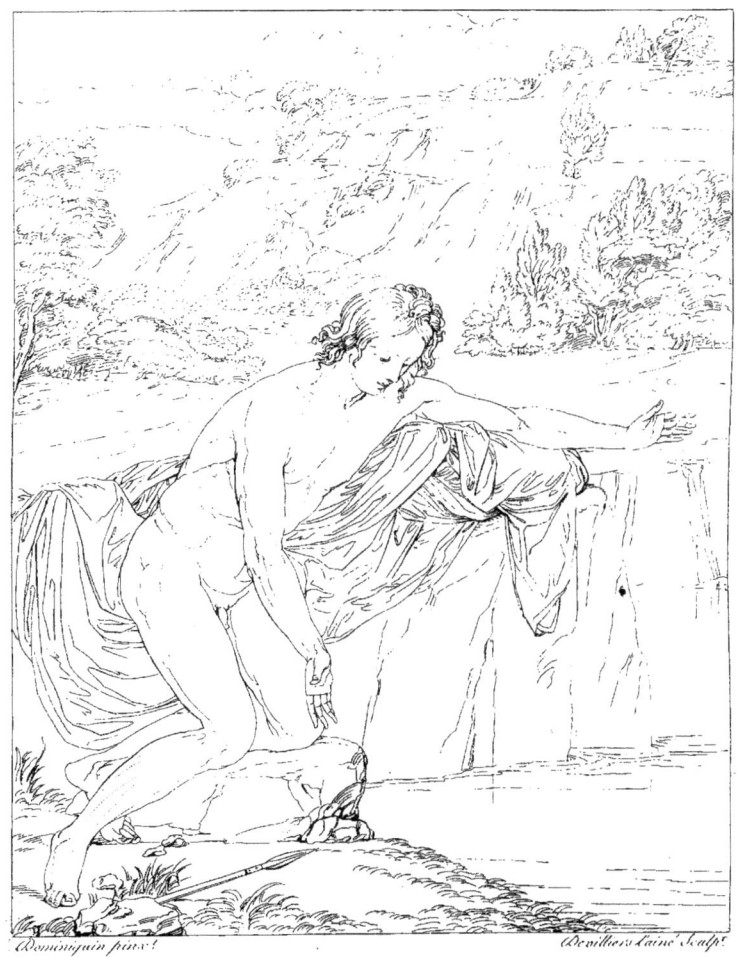

Narcisse.
Narcissus.
Narcissus.

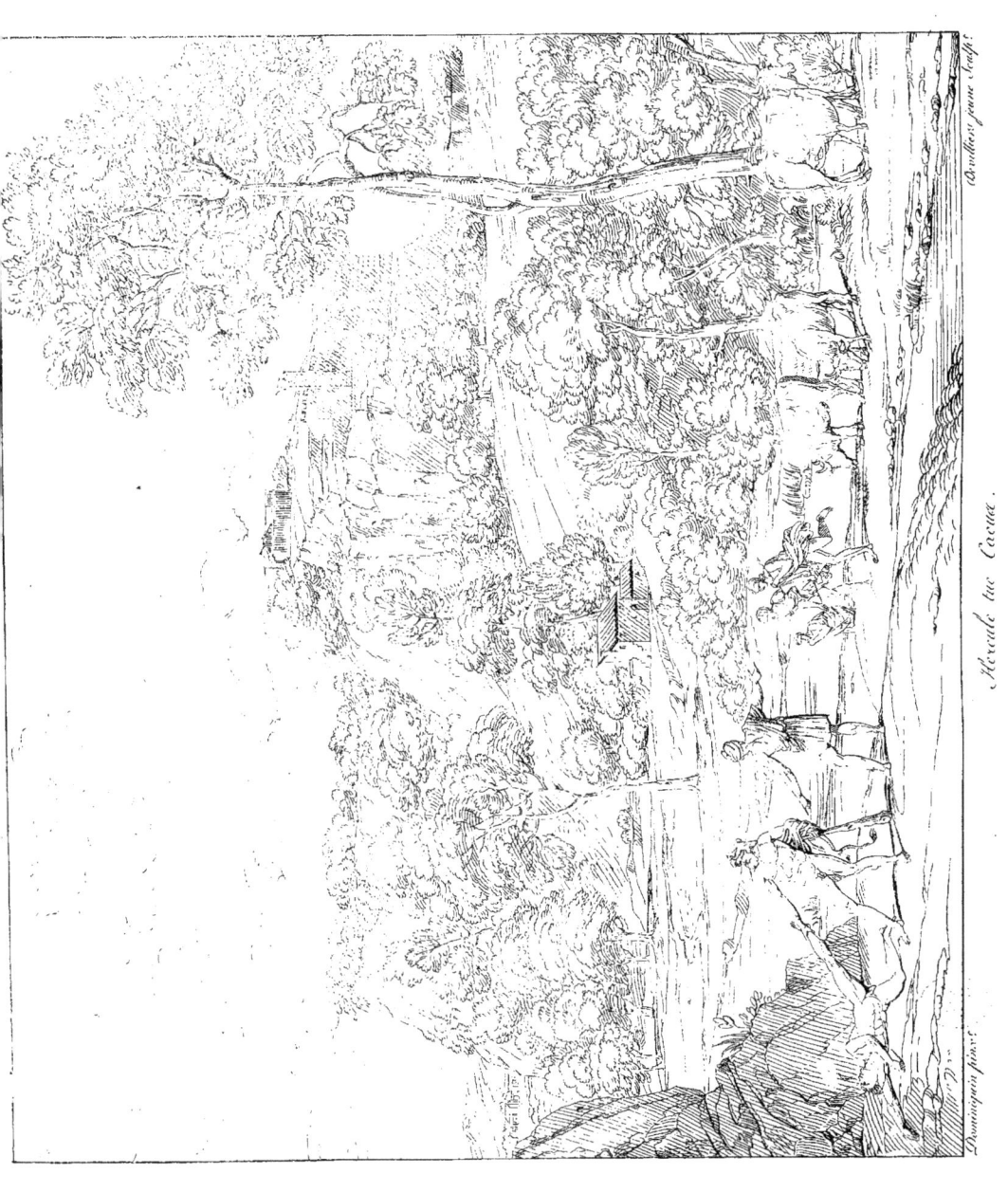

Hercule tue Cacus.

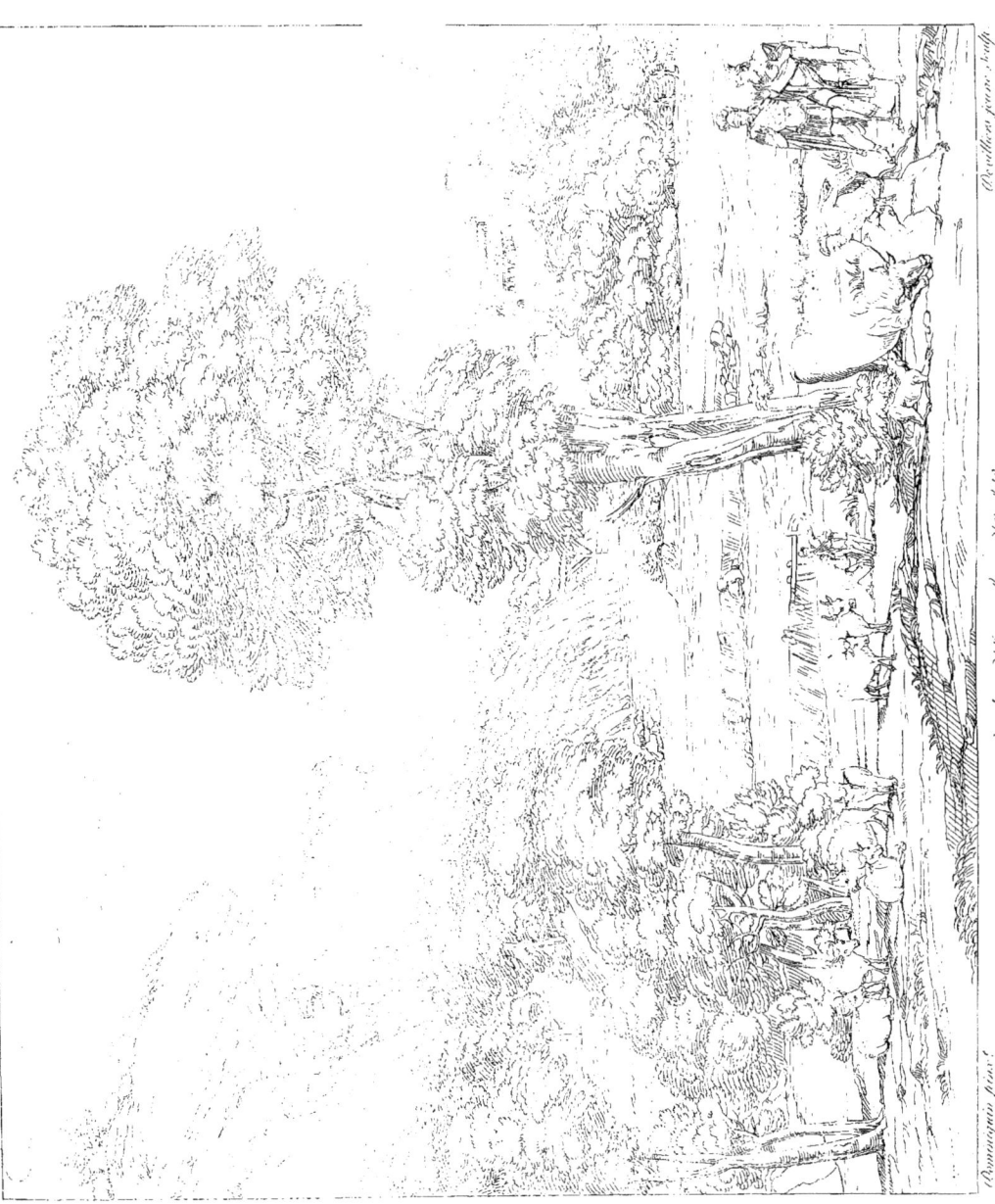

Dominiquin pinx.   Combat d'Hercule et d'Acheloüs.   Devilliers jeune sculp.

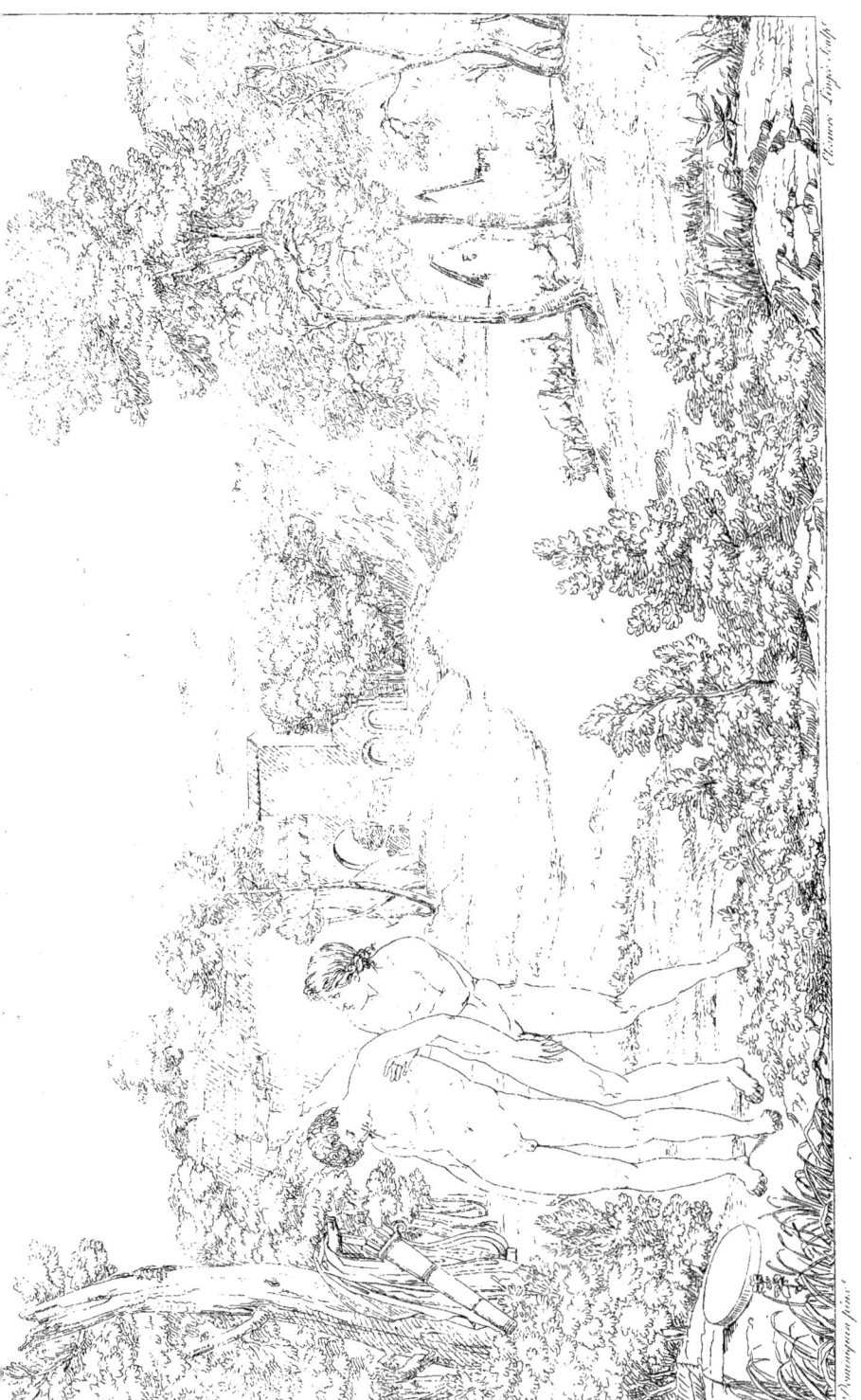

La mort d'Hyacinthe.
Der tod des Hyacinthus.
The death of Hyacinthus.

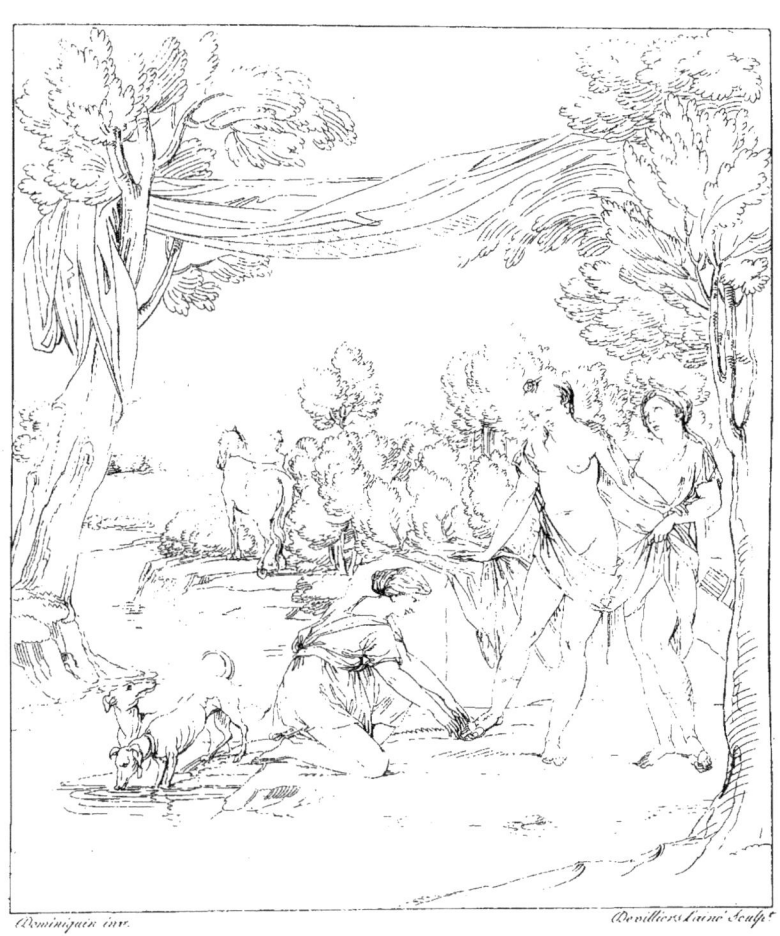

Bain de Nymphes.
Bad der Nymphen.
Nymphs bathing.

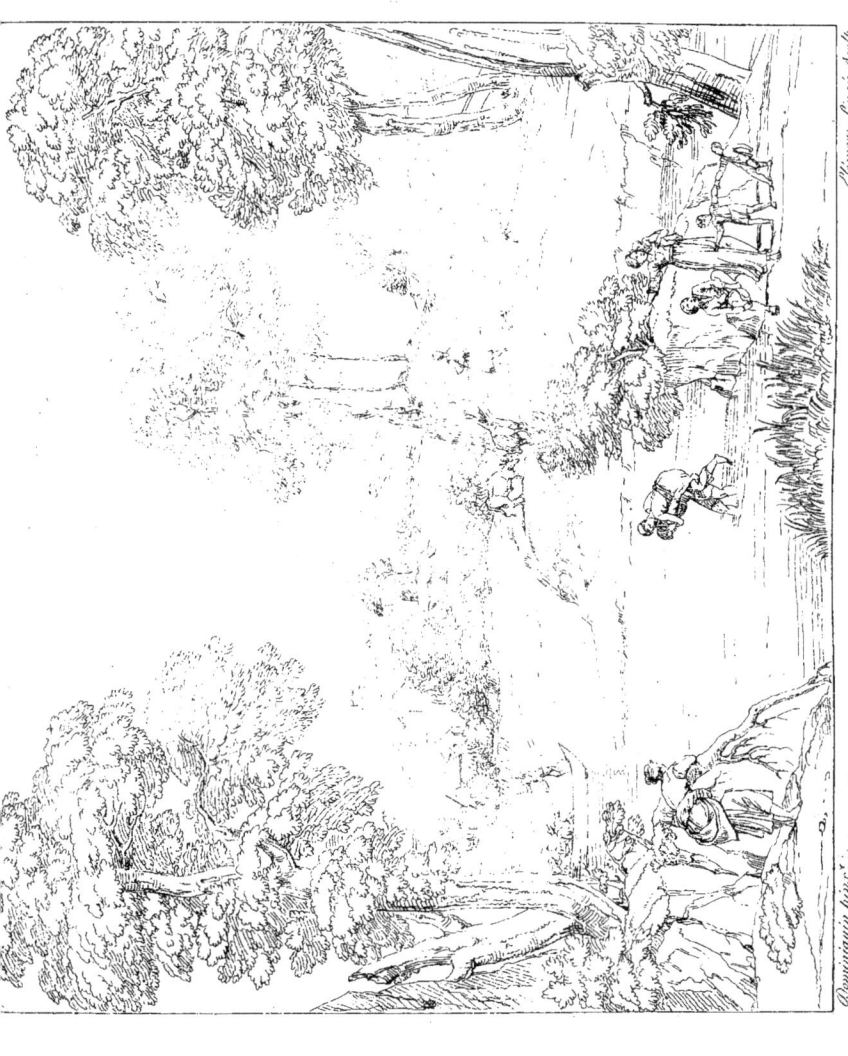

Scène Champêtre.
Eine ländliche Scene.
Bei Carl Wien.

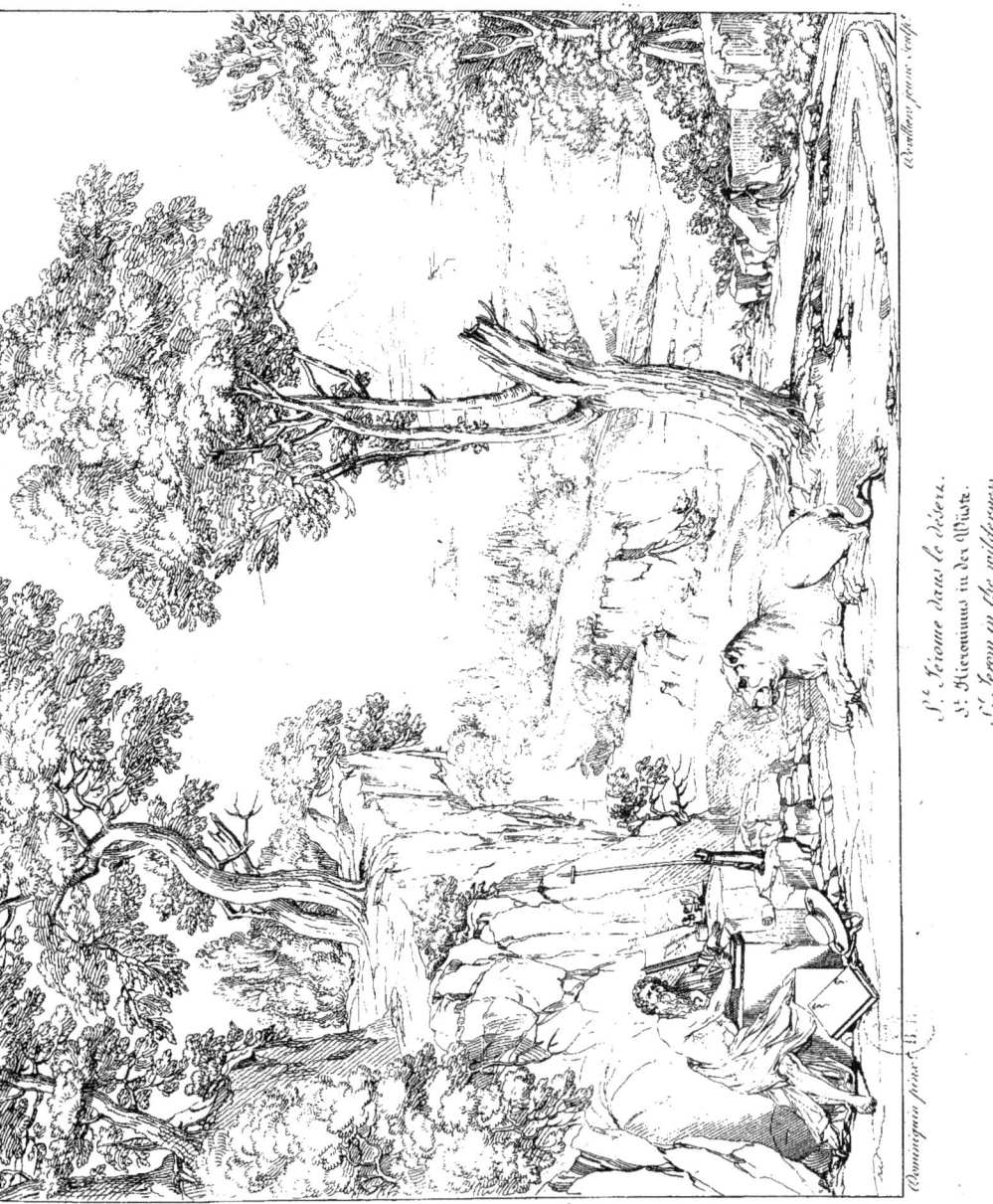

Dominiquin pinx. Woollett sculp.

S.t Jerome dans le desert.
S.t Hieronimus in der Wüste.
S.t Jerom in the wilderness.

Ommeganck pinx. Berthevin grav. sculp.

La Fuite en Egypte.
Die Flucht nach Egypten.
The Flight into Egypt.

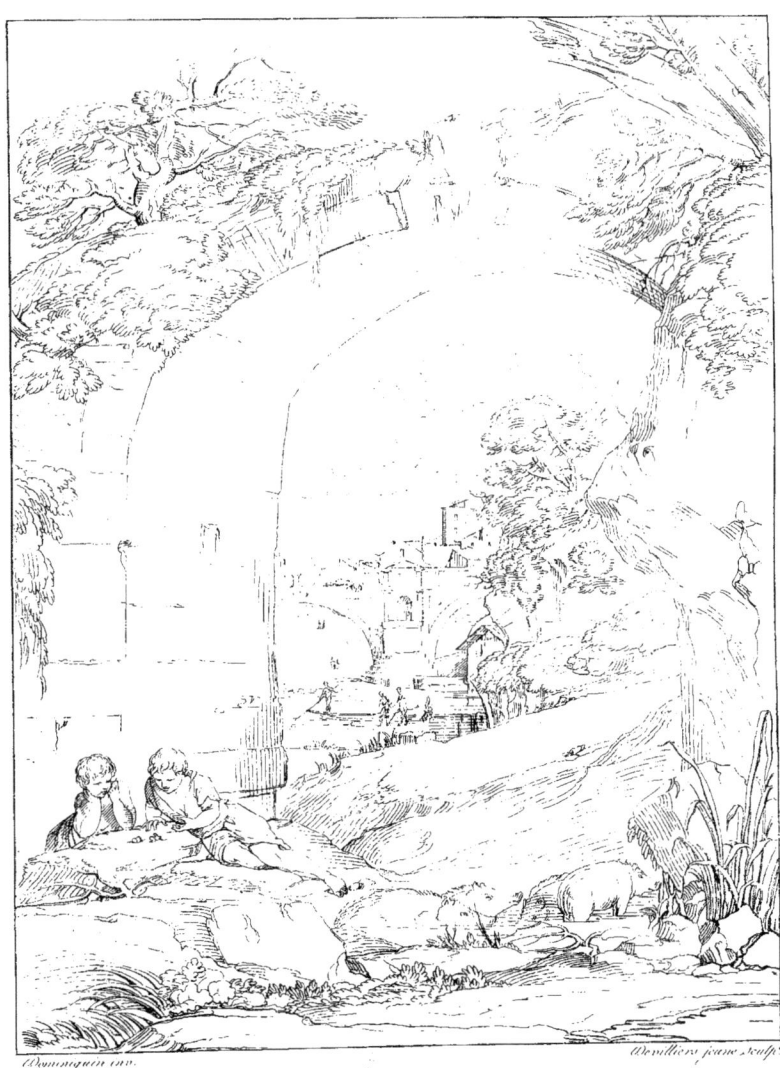

Vue des Environs de Rome.
Ansicht der gegenden von Rom.
View in the environs of Rome.

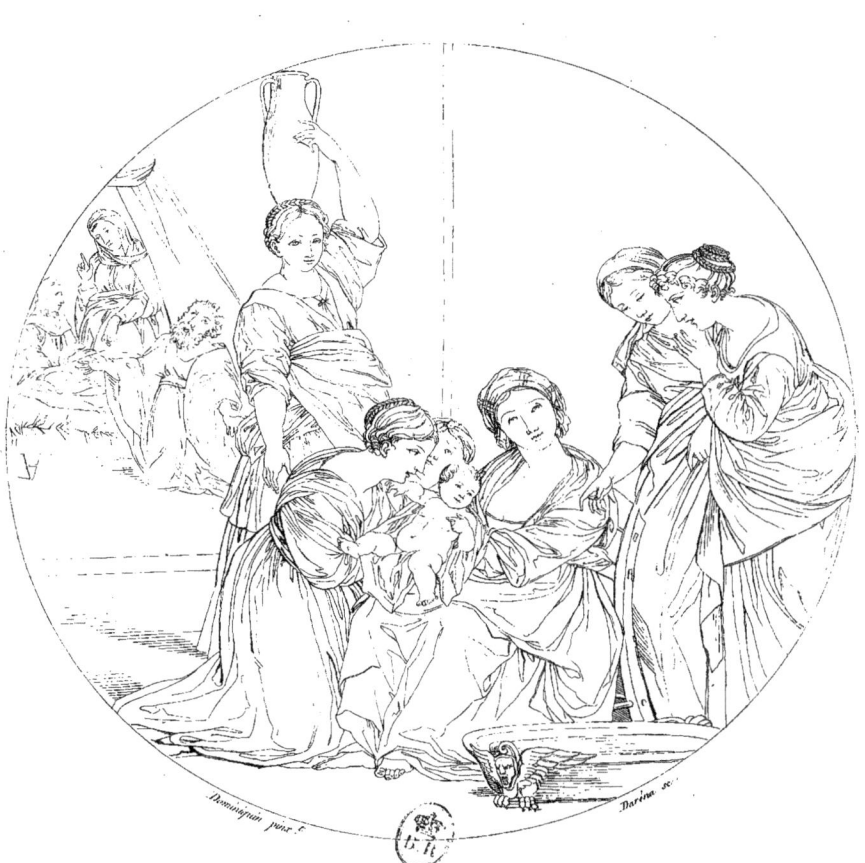

La naissance de la Vierge.
Die Geburt der heiligen Jungfrau.
The birth of the Virgin.

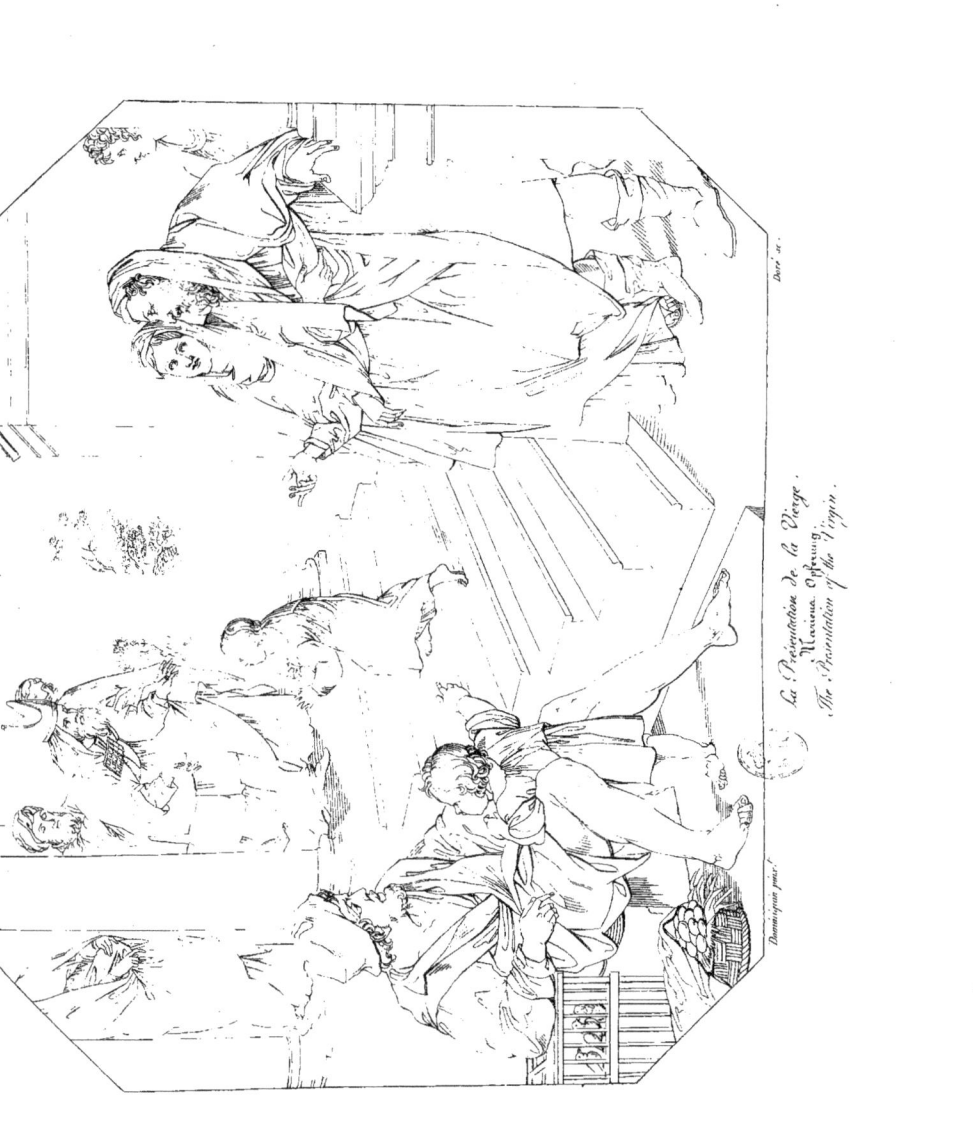

La Présentation de la Vierge.
Mariæ Opferung.
The Presentation of the Virgin.

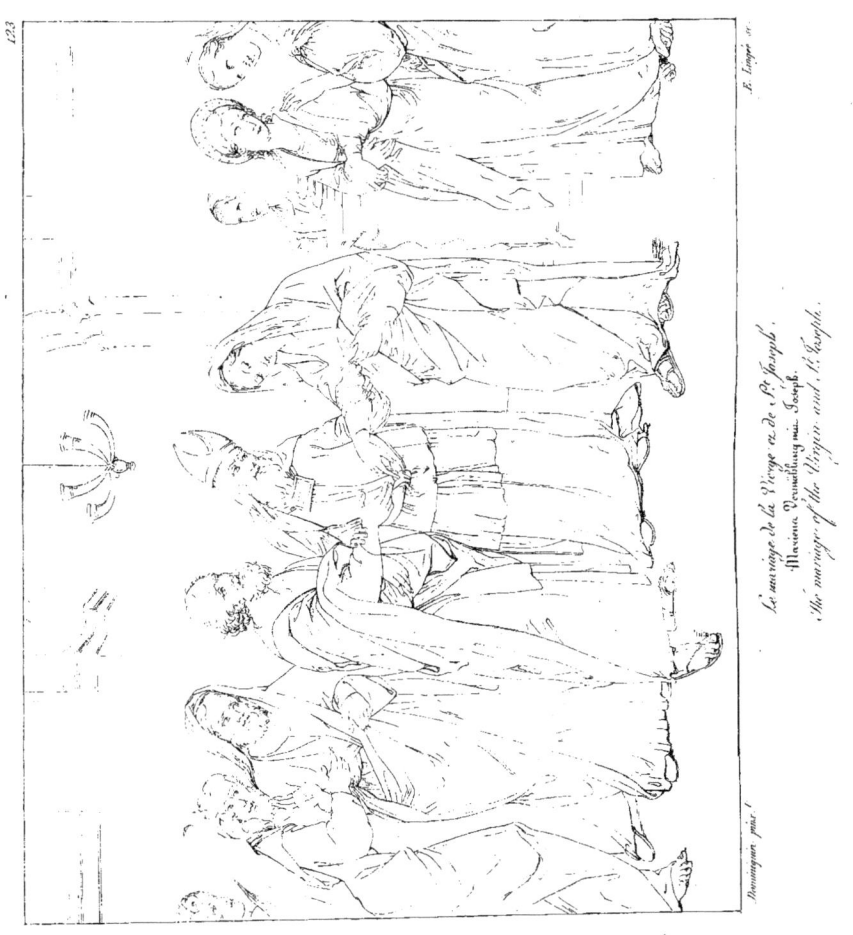

Le mariage de la Vierge et de St Joseph.
Mariens Vermählung mit Joseph.
The marriage of the Virgin and St Joseph.

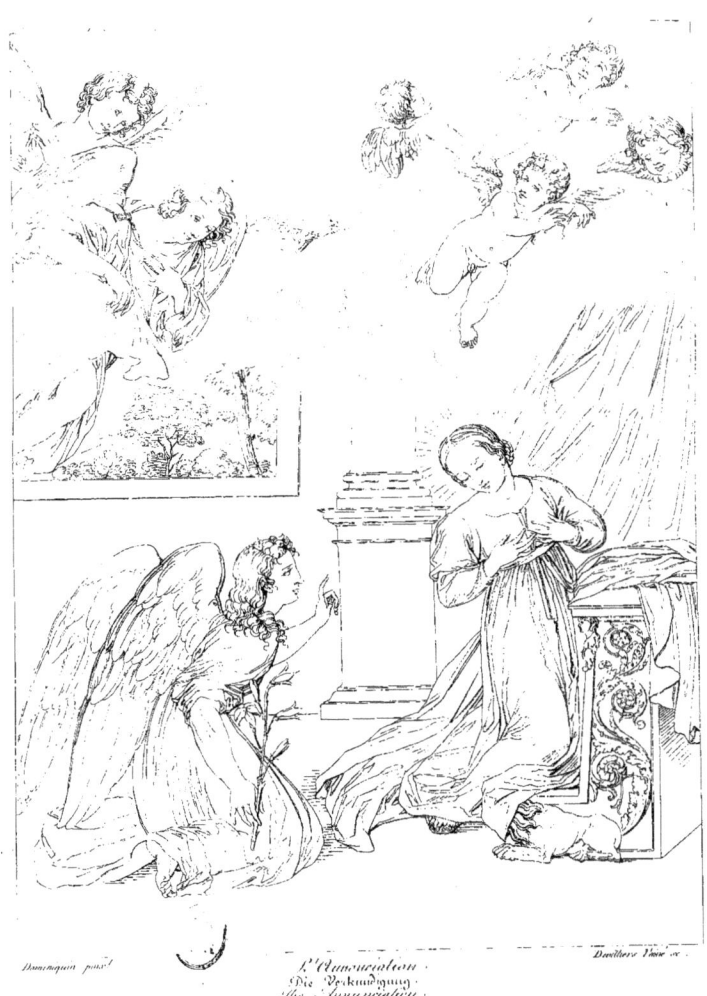

L'Annunciation.
Die Verkündigung.
The Annunciation.

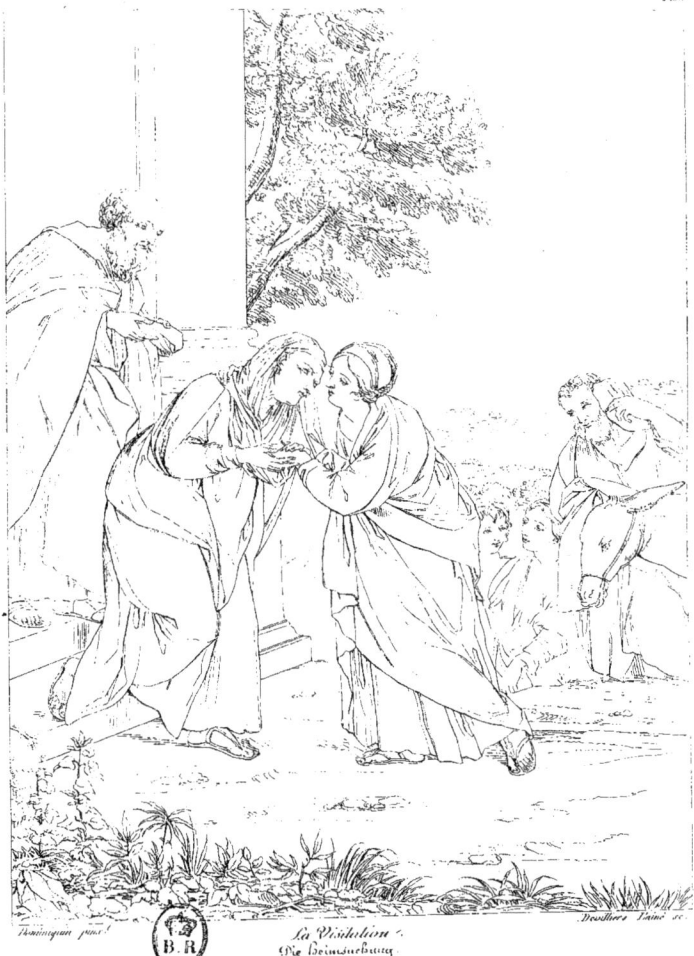

La Visitation.
Die Heimsuchung.
The Visitation.

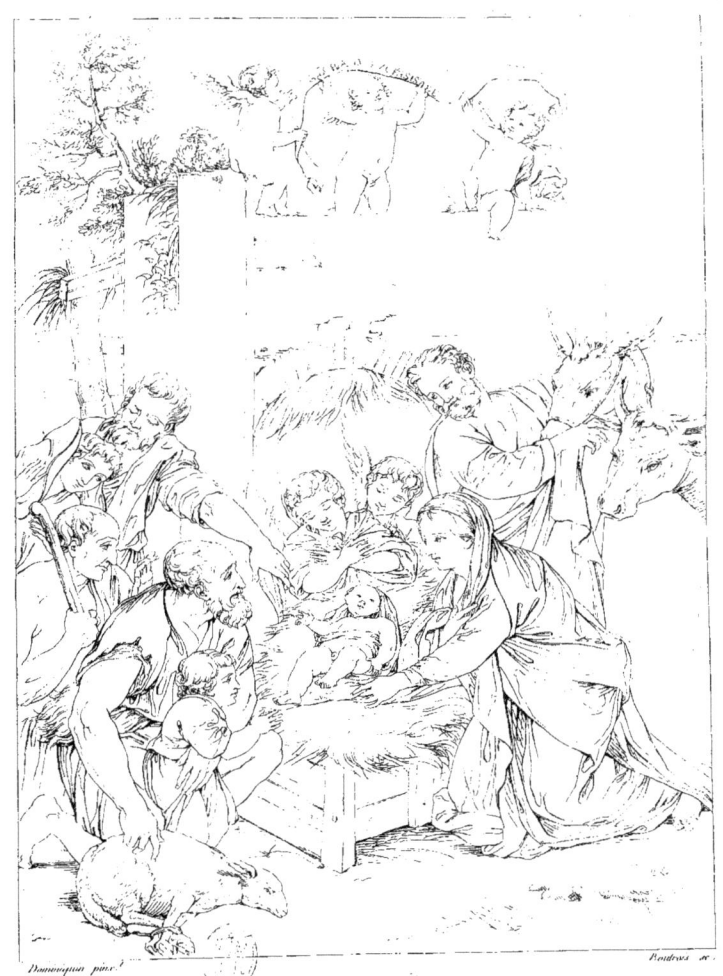

L'Adoration des Bergers.
Die Anbetung der Hirten.
The Adoration of the Shepherds.

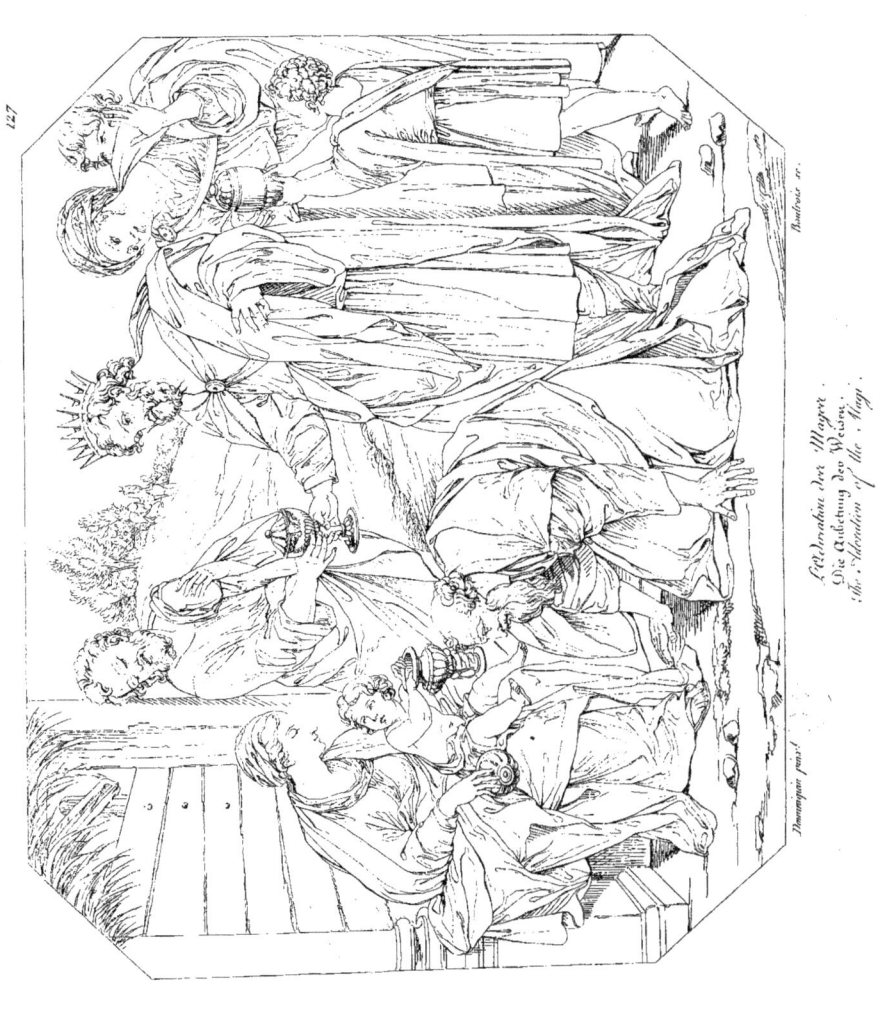

Domenquino pinx.¹   Boutrois sc.

Gebetschoon der Magier.
Die Anbetung der Weisen.
The Adoration of the Magi.

La présentation de Jésus-Christ.
Christi opfrung.
The presentation of Jesus-Christ.

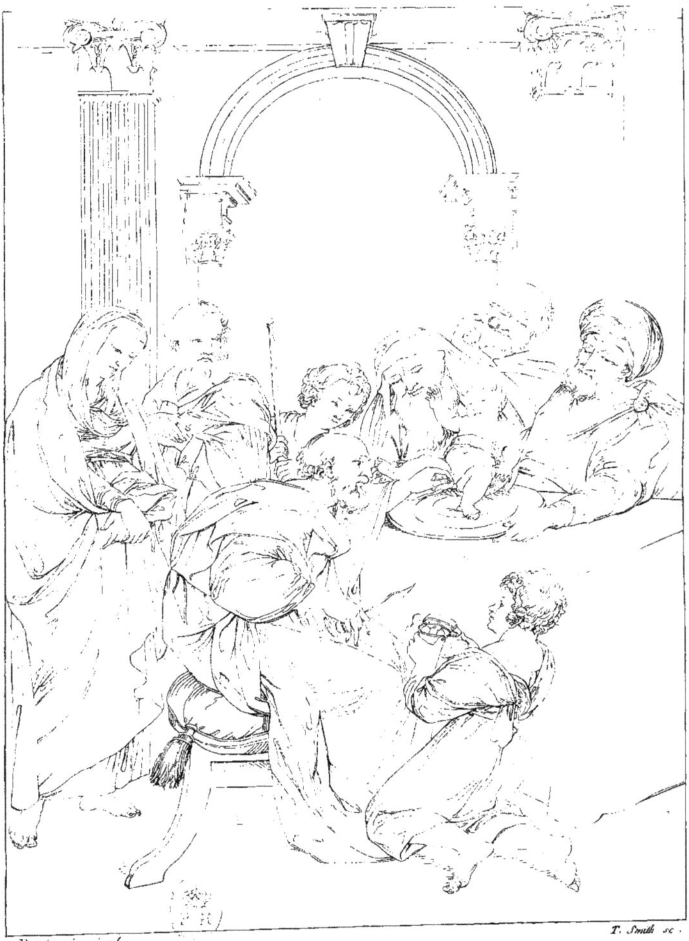

La Circoncision.
Die Beschneidung.
The Circumcision.

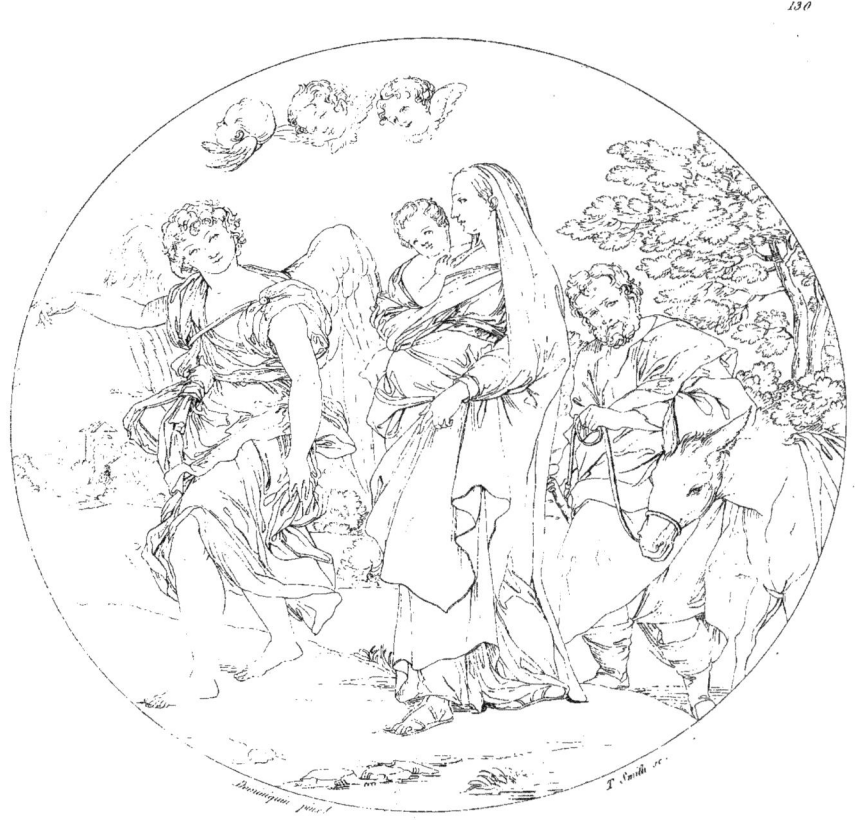

La fuite en Egypte.
Die Flucht nach Egypten.
The flight into Egypt.

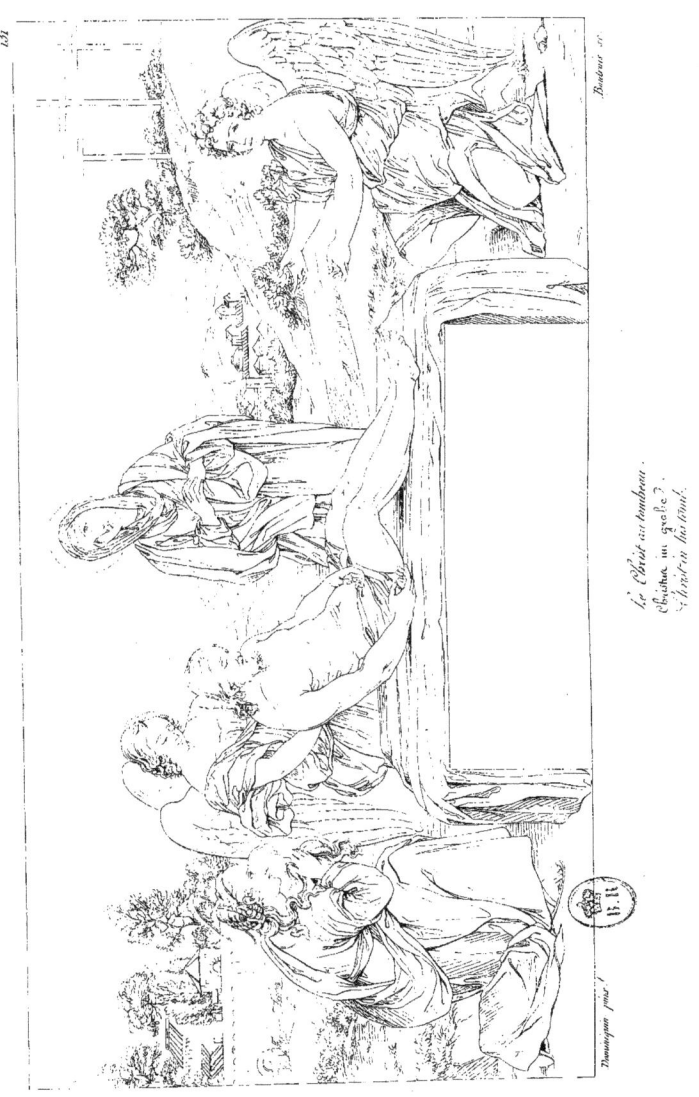

Le Christ au tombeau.
Christus in grabe.
Christ in his tomb.

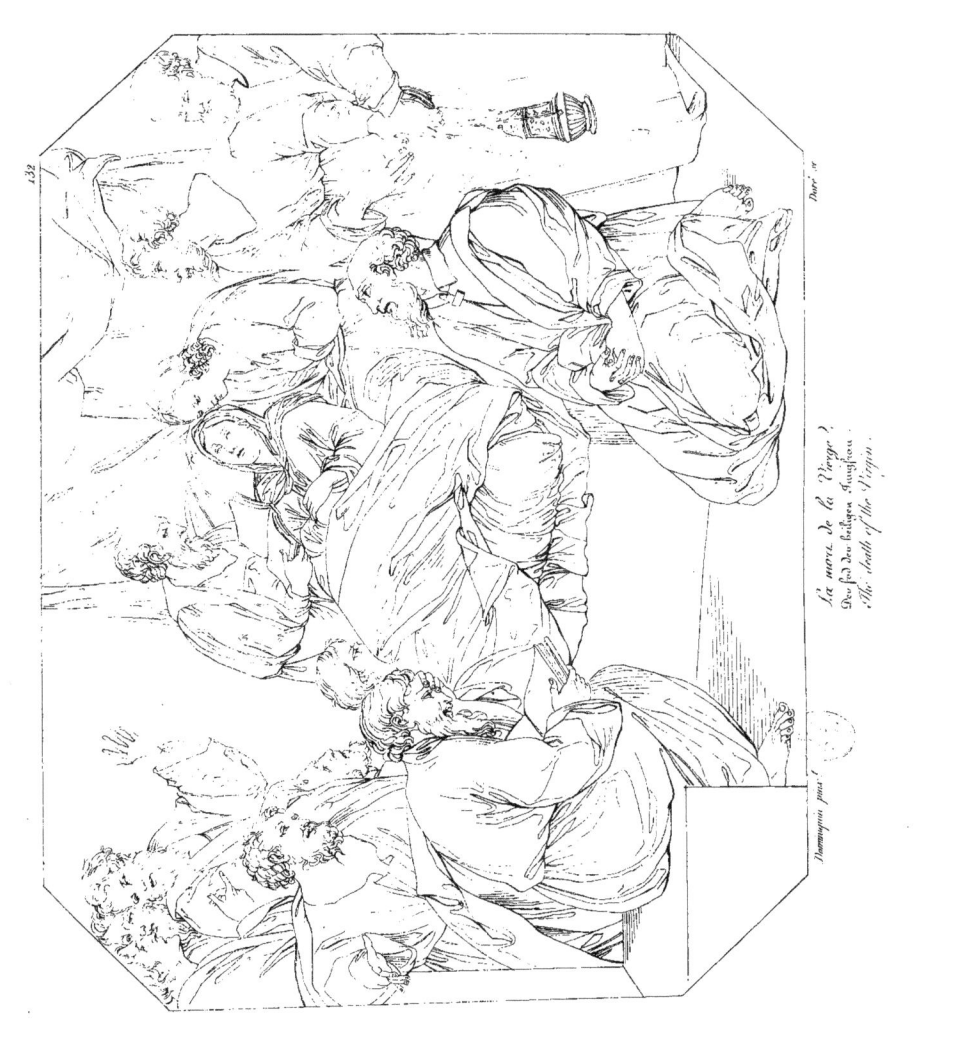

La mort de la Vierge.
Perfod des Saintes Lampons.
The death of the Virgin.

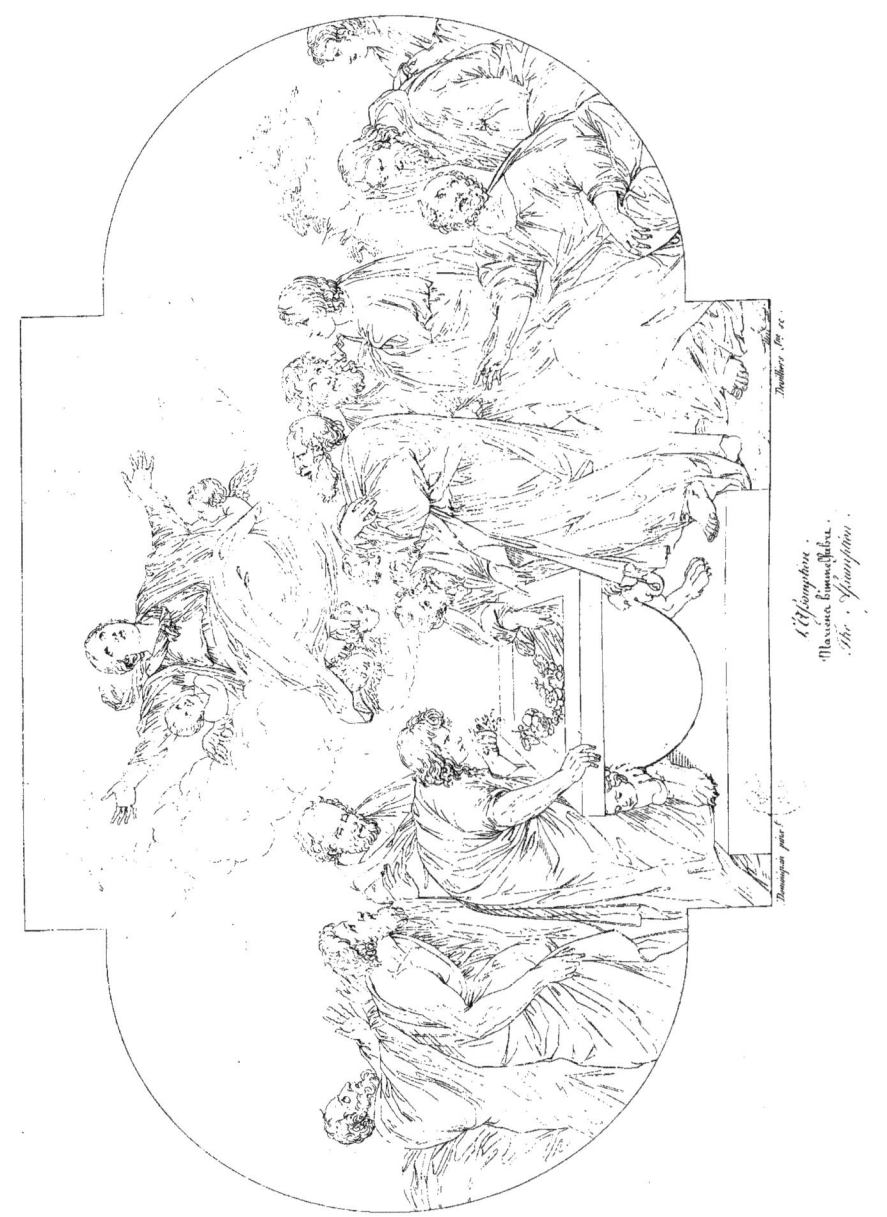

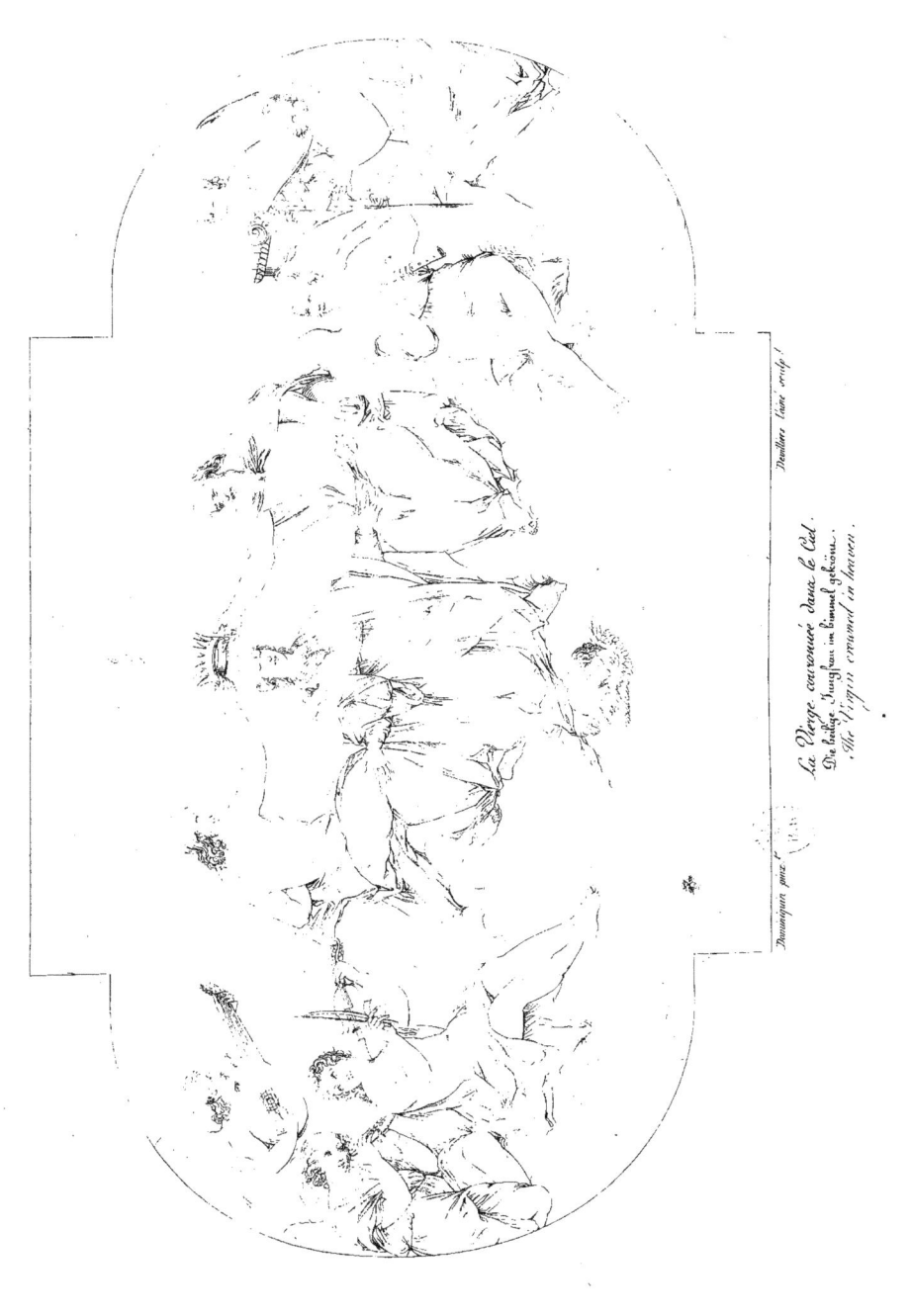

La Vierge couronnée dans le Ciel.
De heilige Maagd in den Hemel gekroond.
The Virgin crowned in heaven.

Dominiquin pinx.t   Denillier l'aîné sculp.t

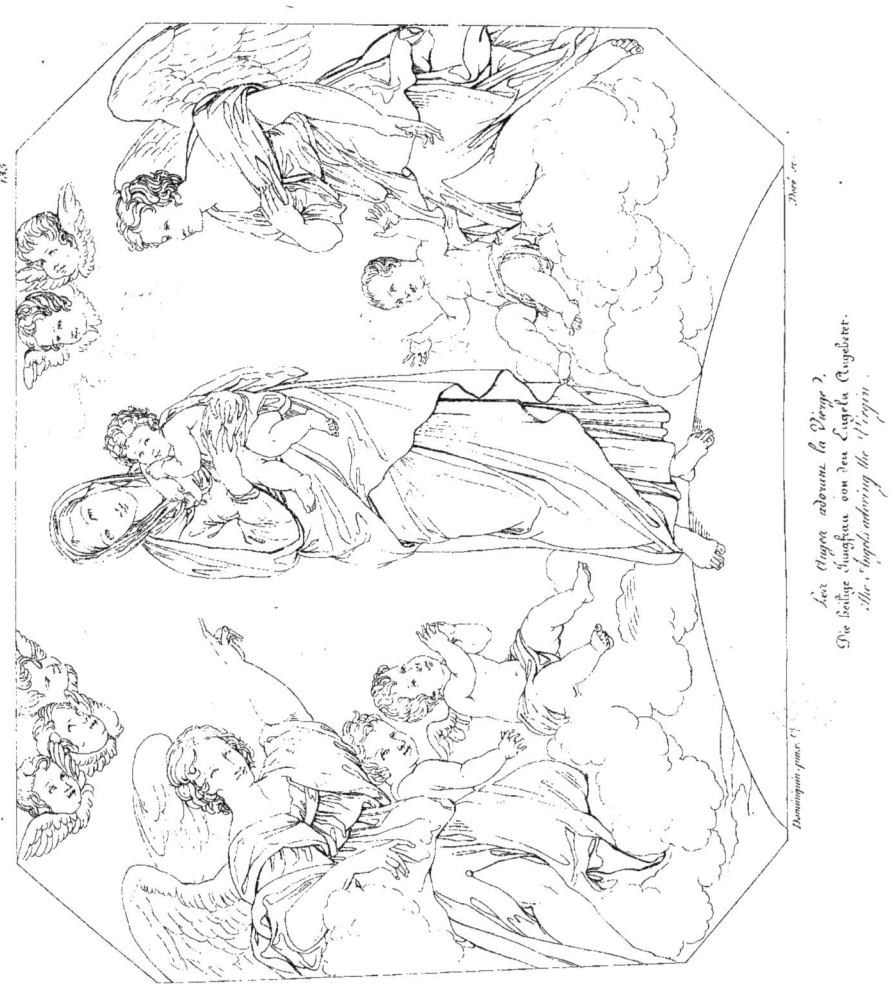

Les Anges adorent la Vierge.
Die heilige Jungfrau von den Engeln Angebetet.
The Angels adoring the Virgin.

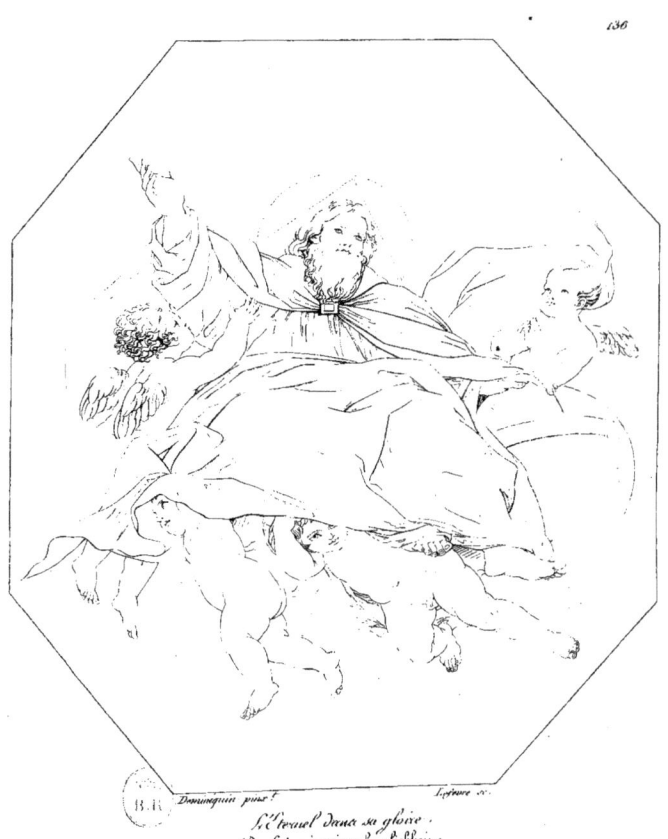

Domenguin pinx.t   Lefevre sc.

L'Eternel dans sa gloire.
Der Ewige in seiner Herrlichkeit.
The Eternal father in his glory.

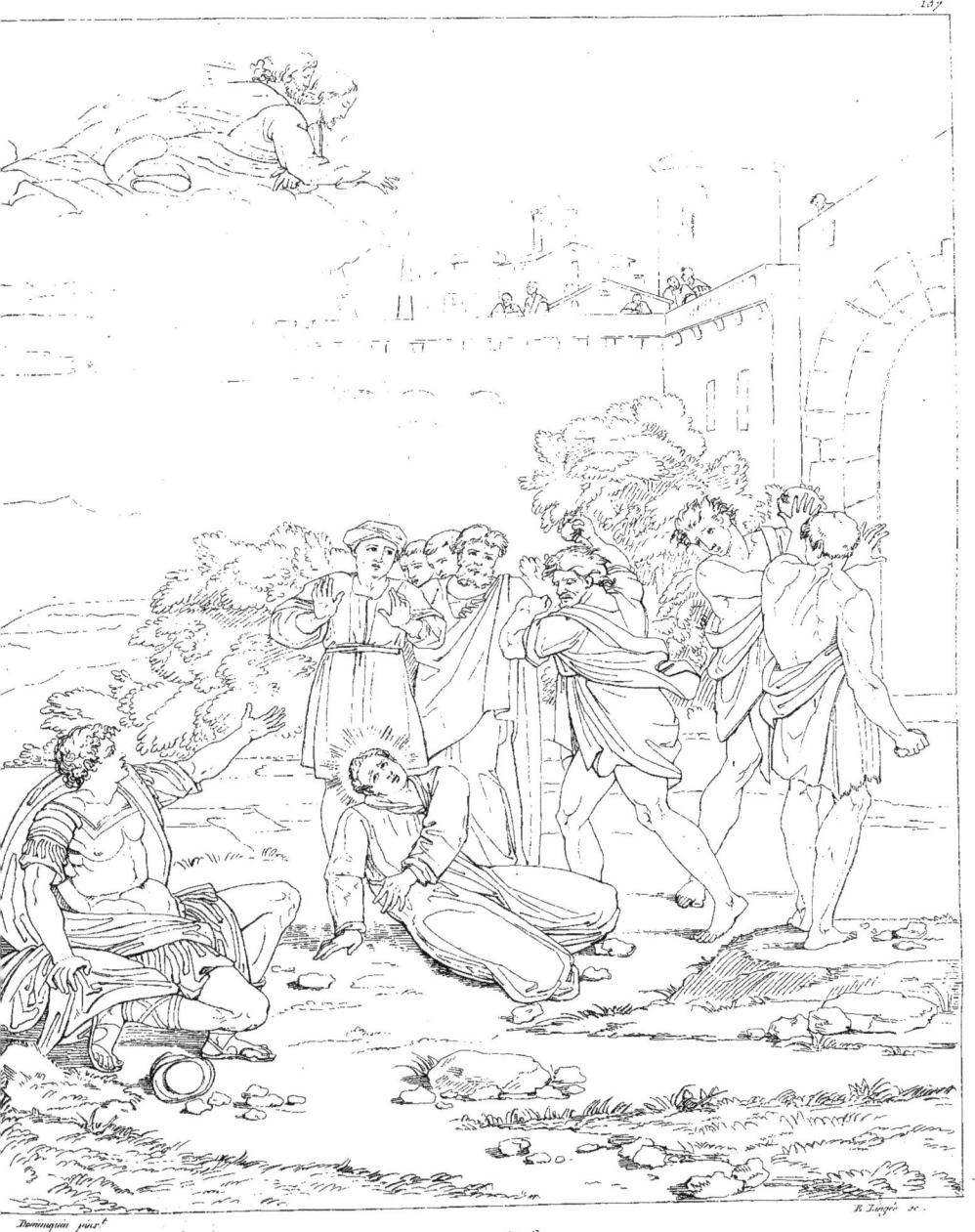

Martyre de St. Etienne.
Der Märtyrertod des heiligen Stephanus.
St. Stephen's Martyrdom.

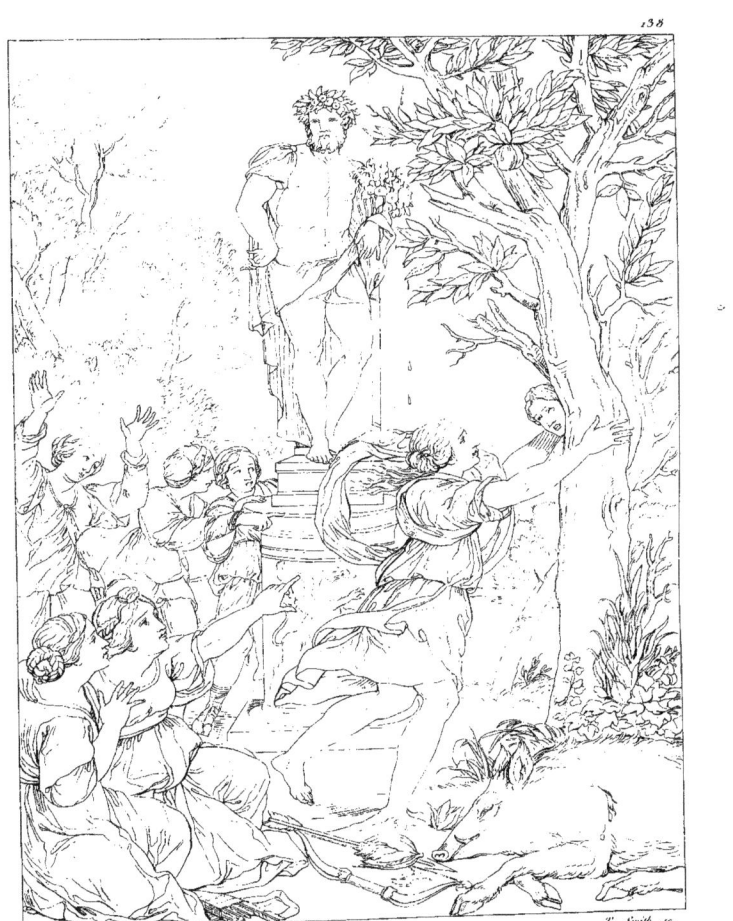

Métamorphose de Myrrha.
Die Verwandelung der Myrrha.
Metamorphosis of Myrrha.

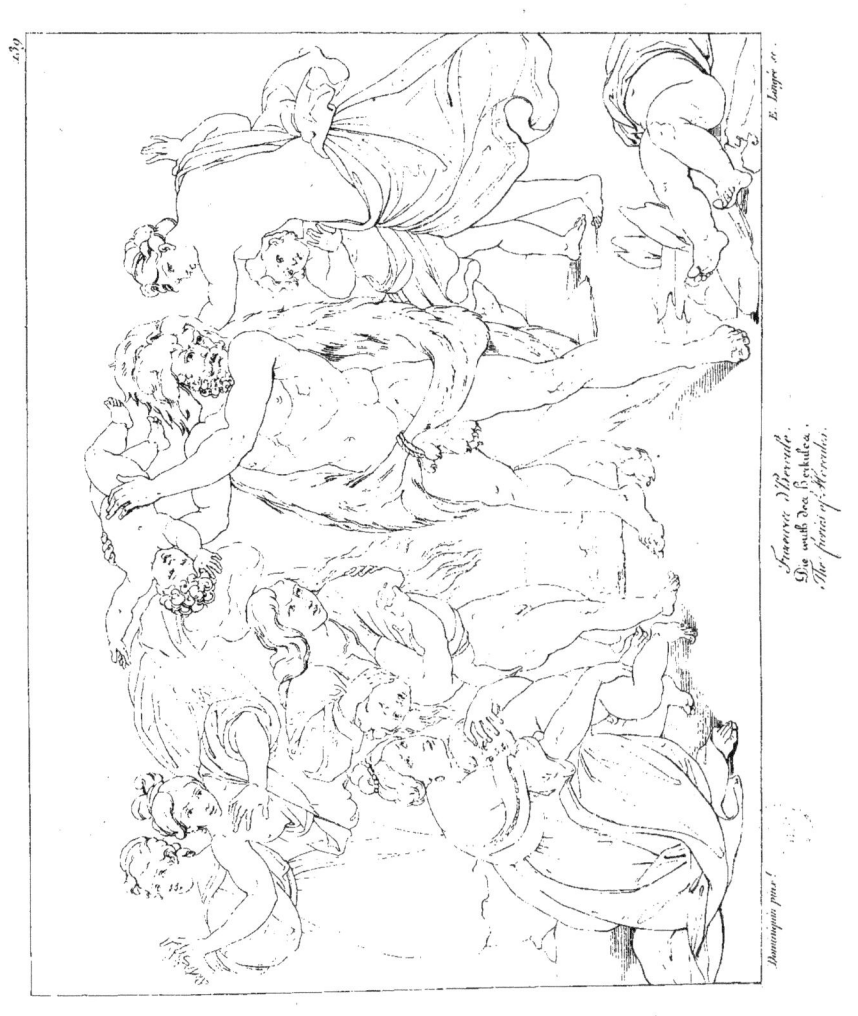

Dominiquin pinx.t E. Lasge s.

Francois d'Hercule.
Die wuth des Herkules.
The frenzie of Hercules.

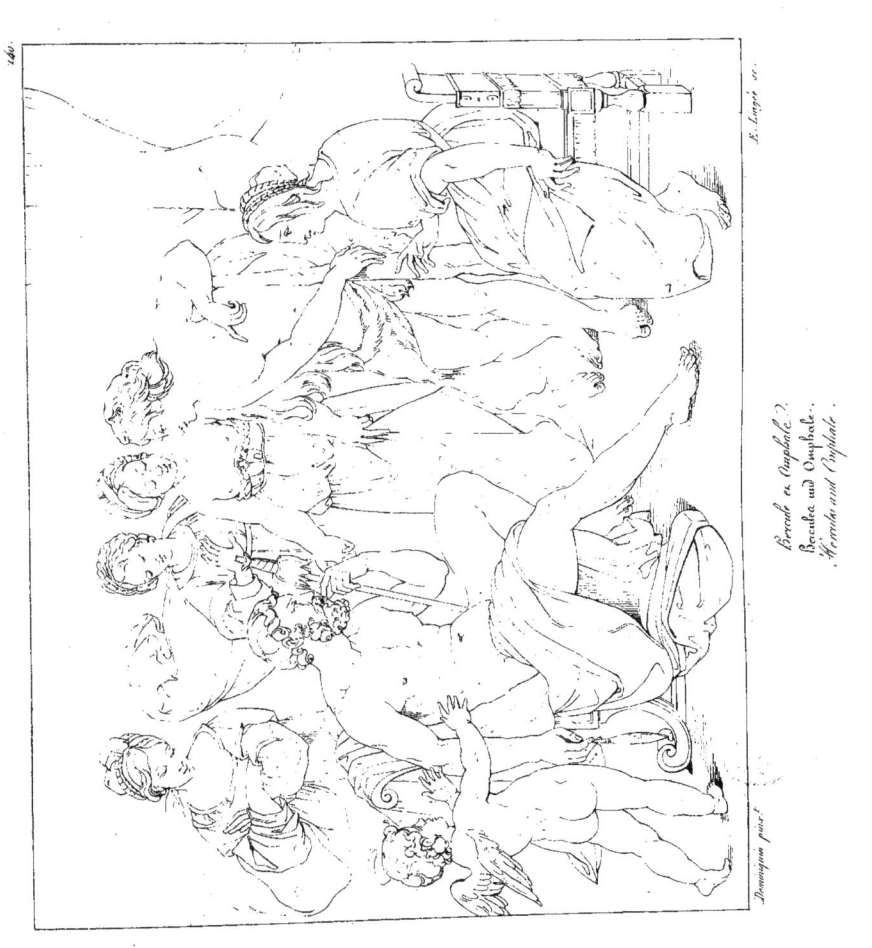

Dominiquin pinx.t   E. Lingée sc.

Hercule et Omphale.
Hercules und Omphale.
Hercules and Omphale.

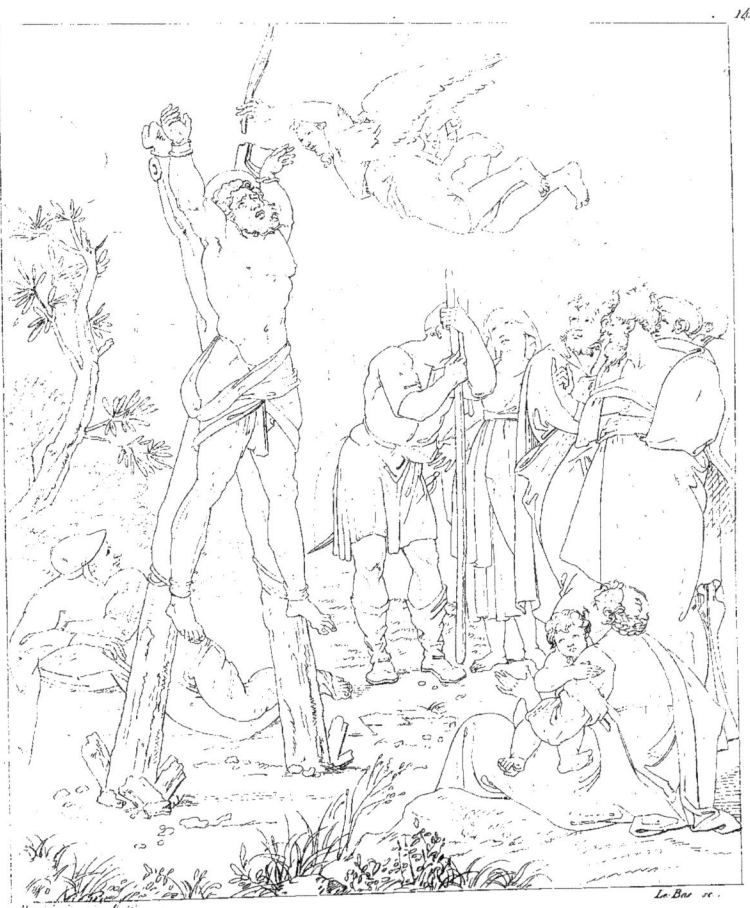

Martyre de S.t André.
Der märtyrertod des heiligen Andreas.
S.t Andrews martyrdom.

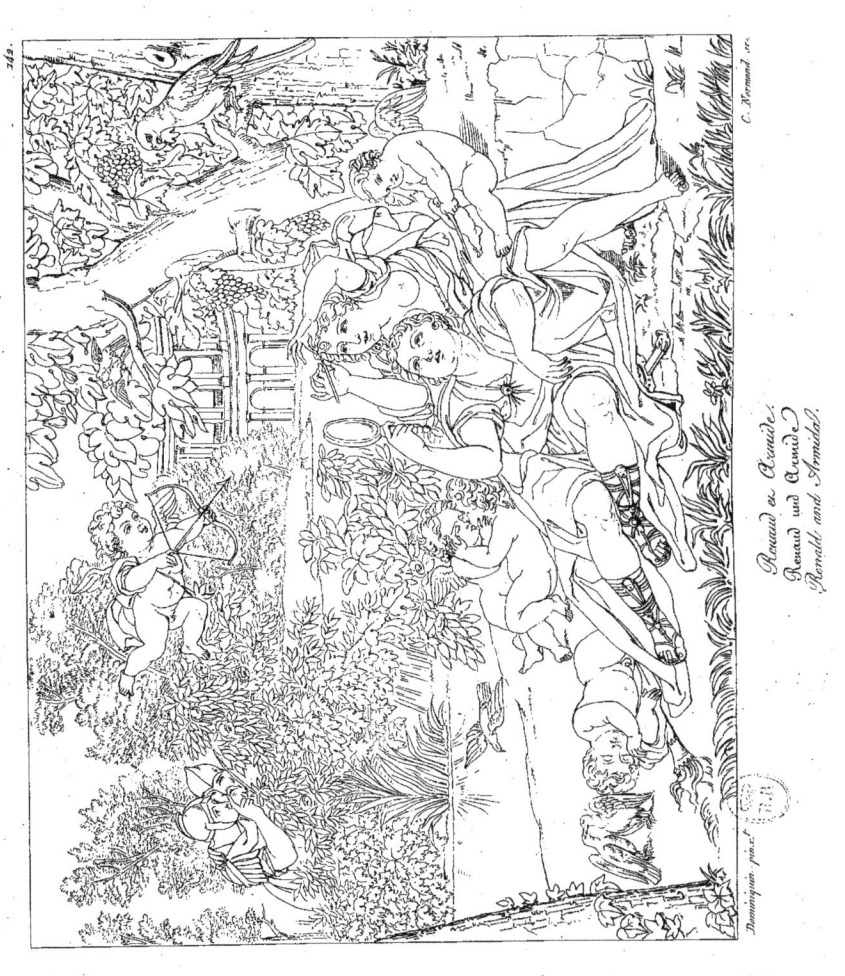

Renaud et Armide.
Renaud und Armide.
Renaldt and Armida.

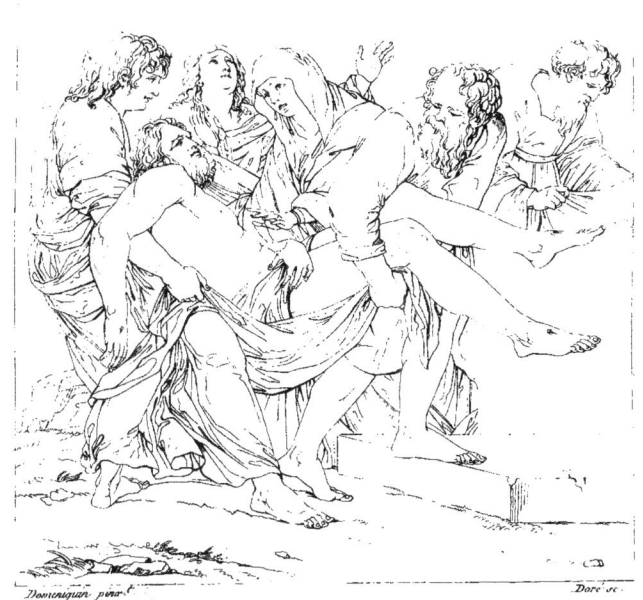

Le Christ au tombeau.
Christus im grabe.
Christ in his tomb.

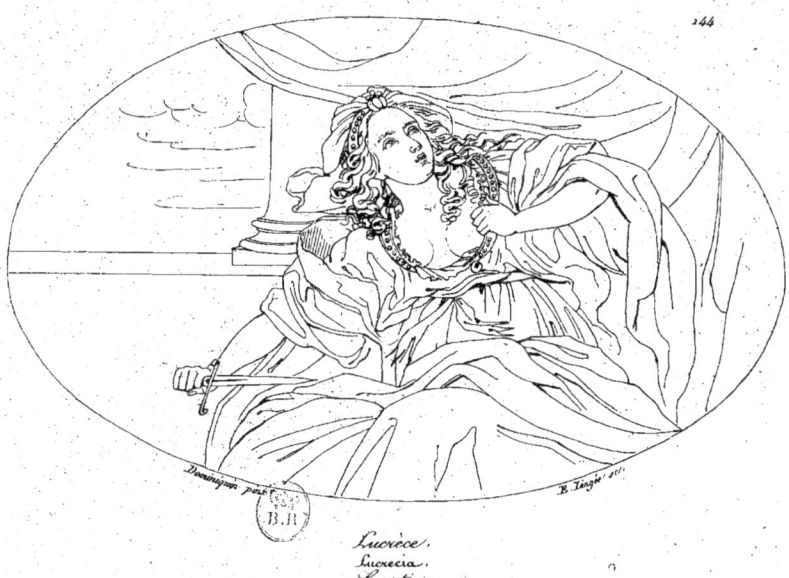

Lucrèce.
Lucrecia.
Lucretia.

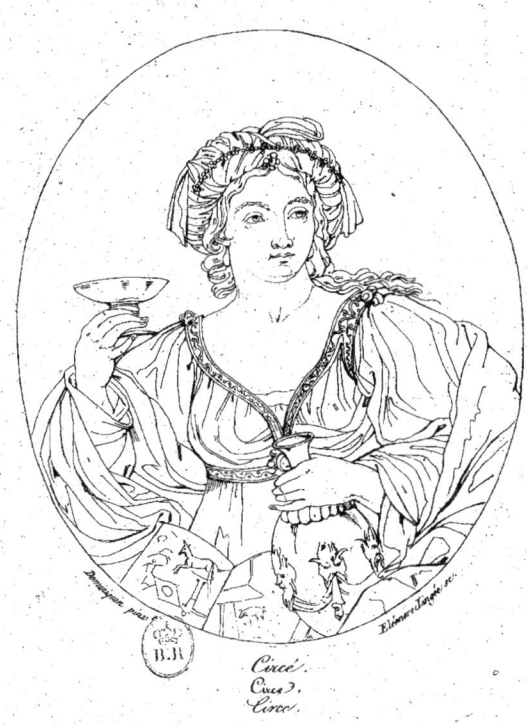

Circé.
Circe.
Circe.

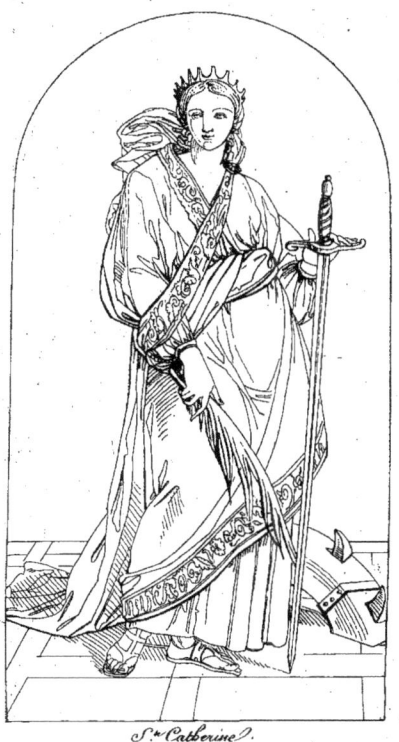

Ste Catherine.
Die heilige Katharine.
St. Catherine.

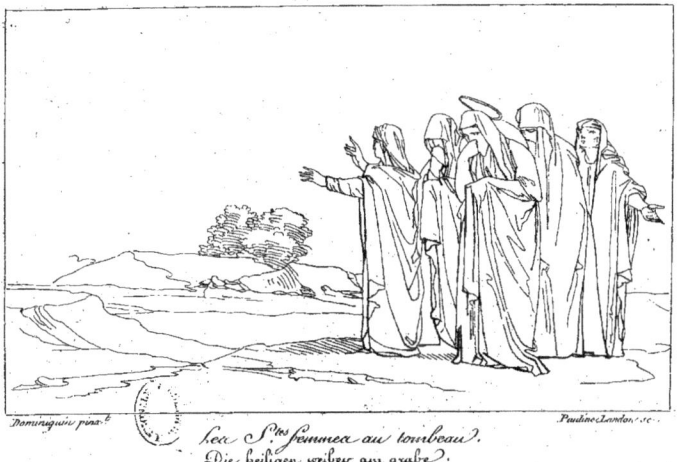

Les Stes Femmes au tombeau.
Die heiligen weiber am grabe.
The holy women at the tomb.

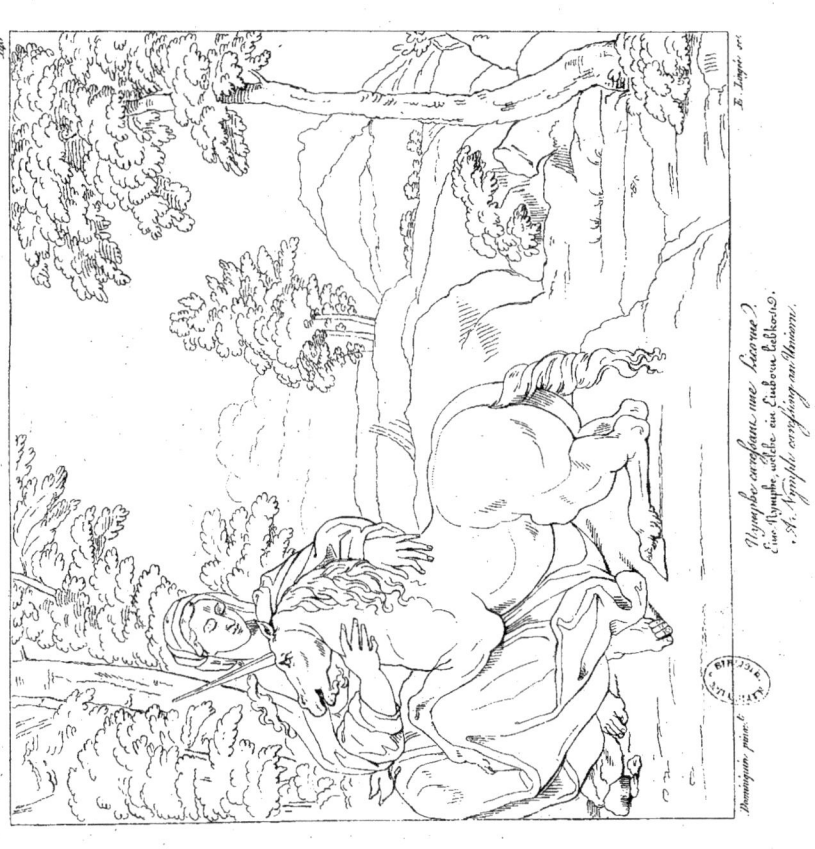

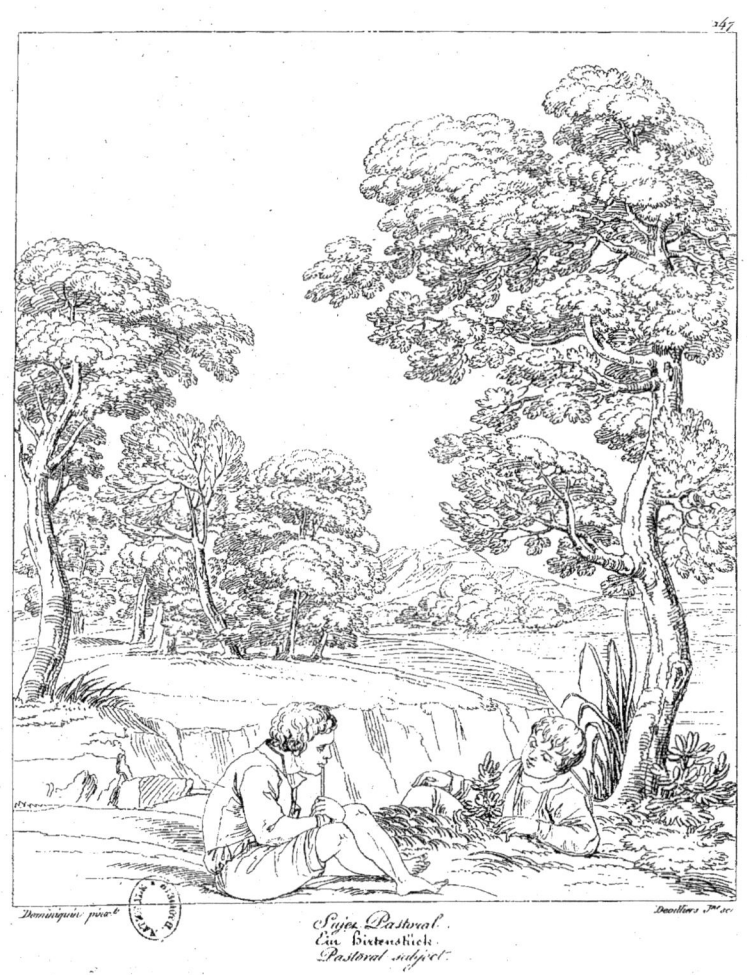

Dominiquin pinx.t Desollers f.t sc.
Sujet Pastoral.
Ein Hirtenstück.
Pastoral subject.

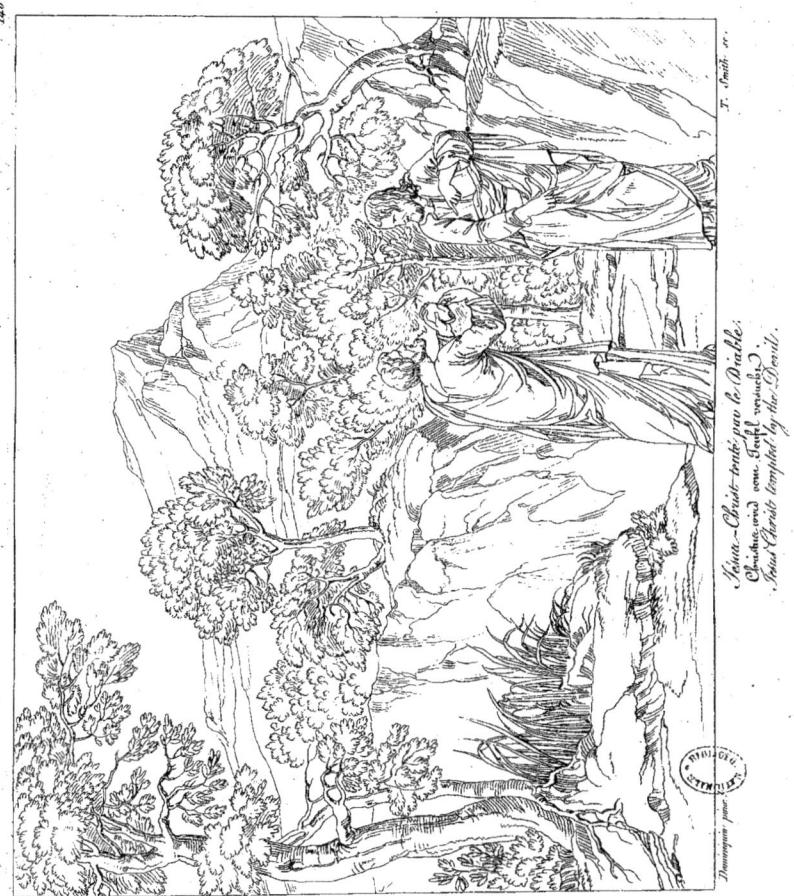

Noiuta.—Christ tenté par le Diable.
Christus wird vom Teufel versucht.
Jesus Christ tempted by the Devil.

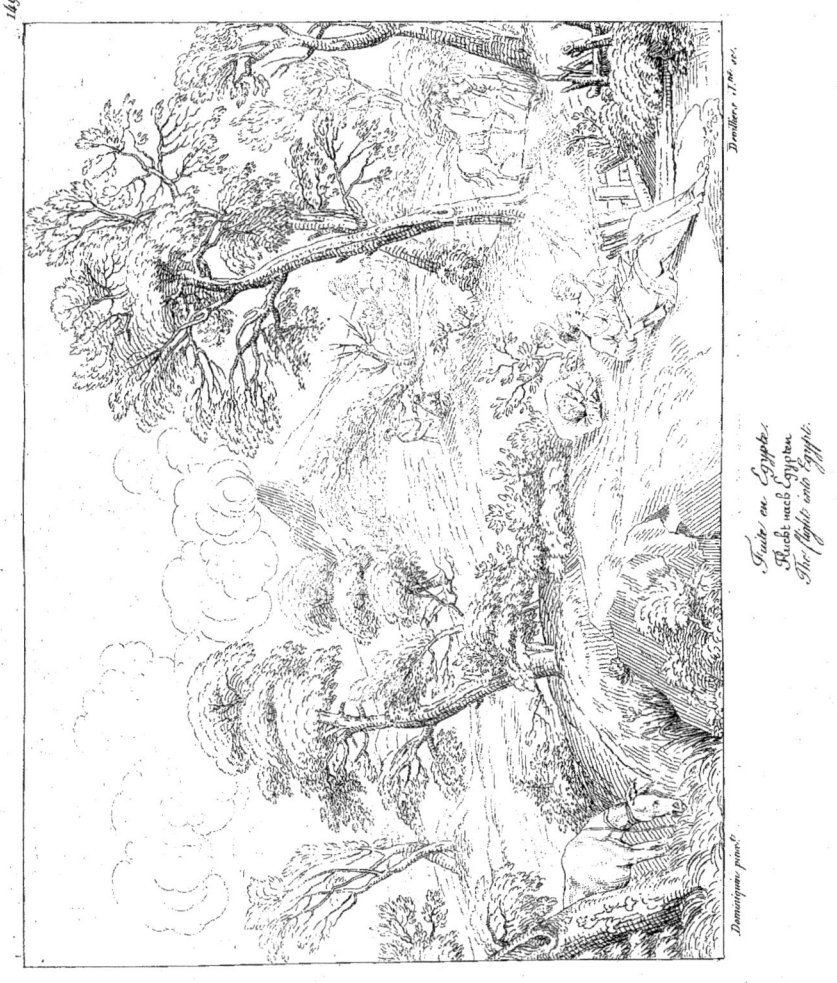

Fuite en Egypte.
Flucht nach Egypten.
The flight into Egypt.

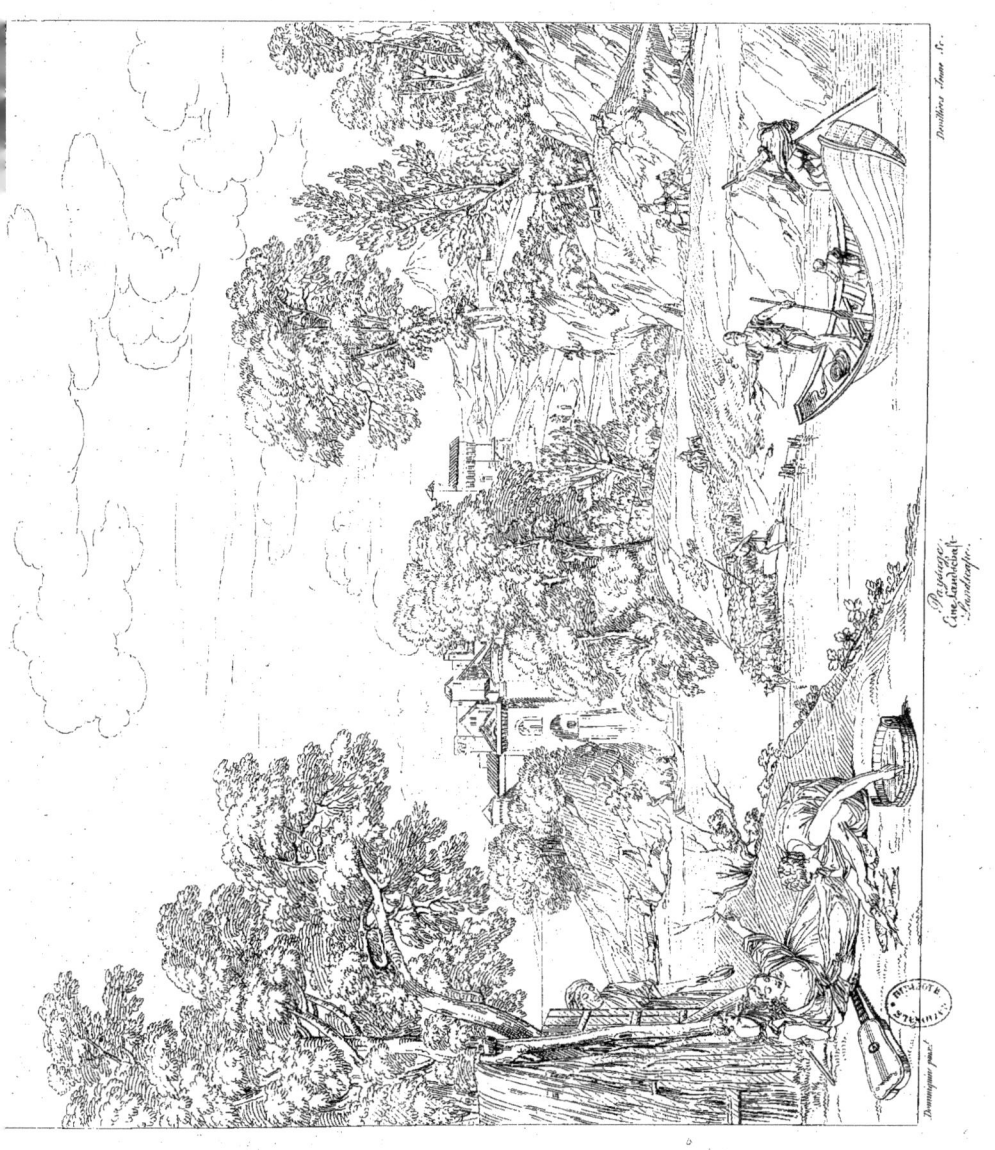

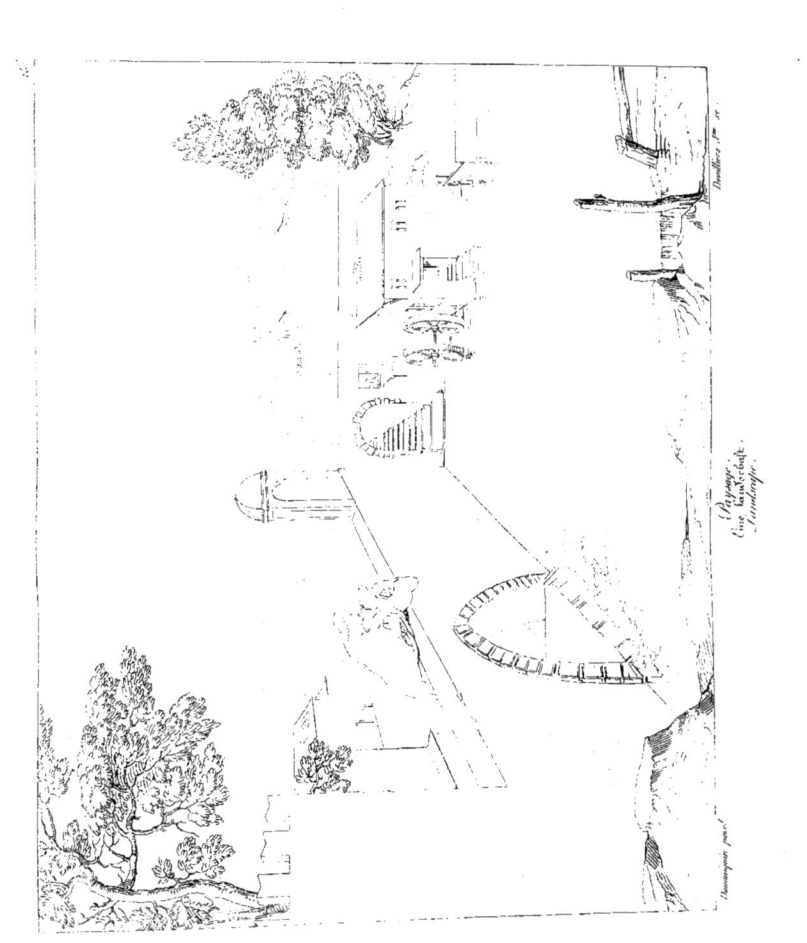

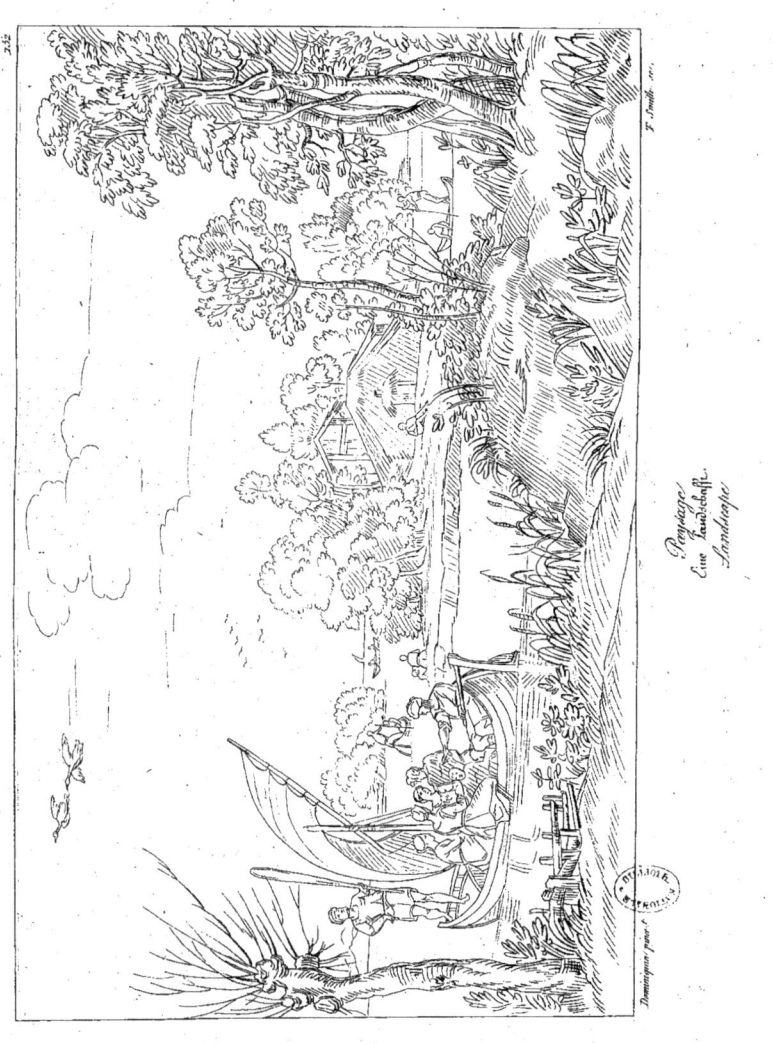

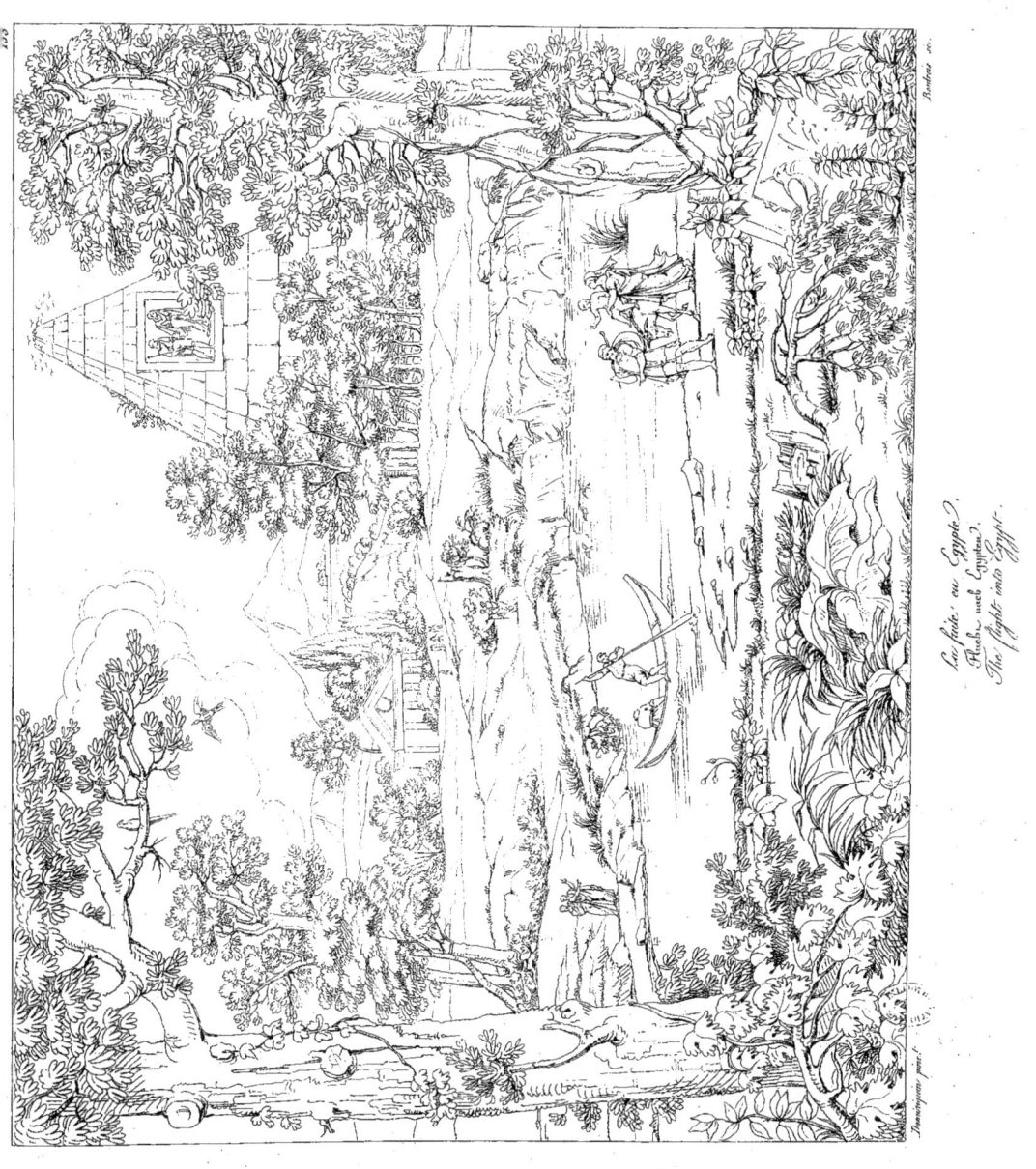

La fuite en Egypte.
Flucht nach Egypten.
The flight into Egypt.

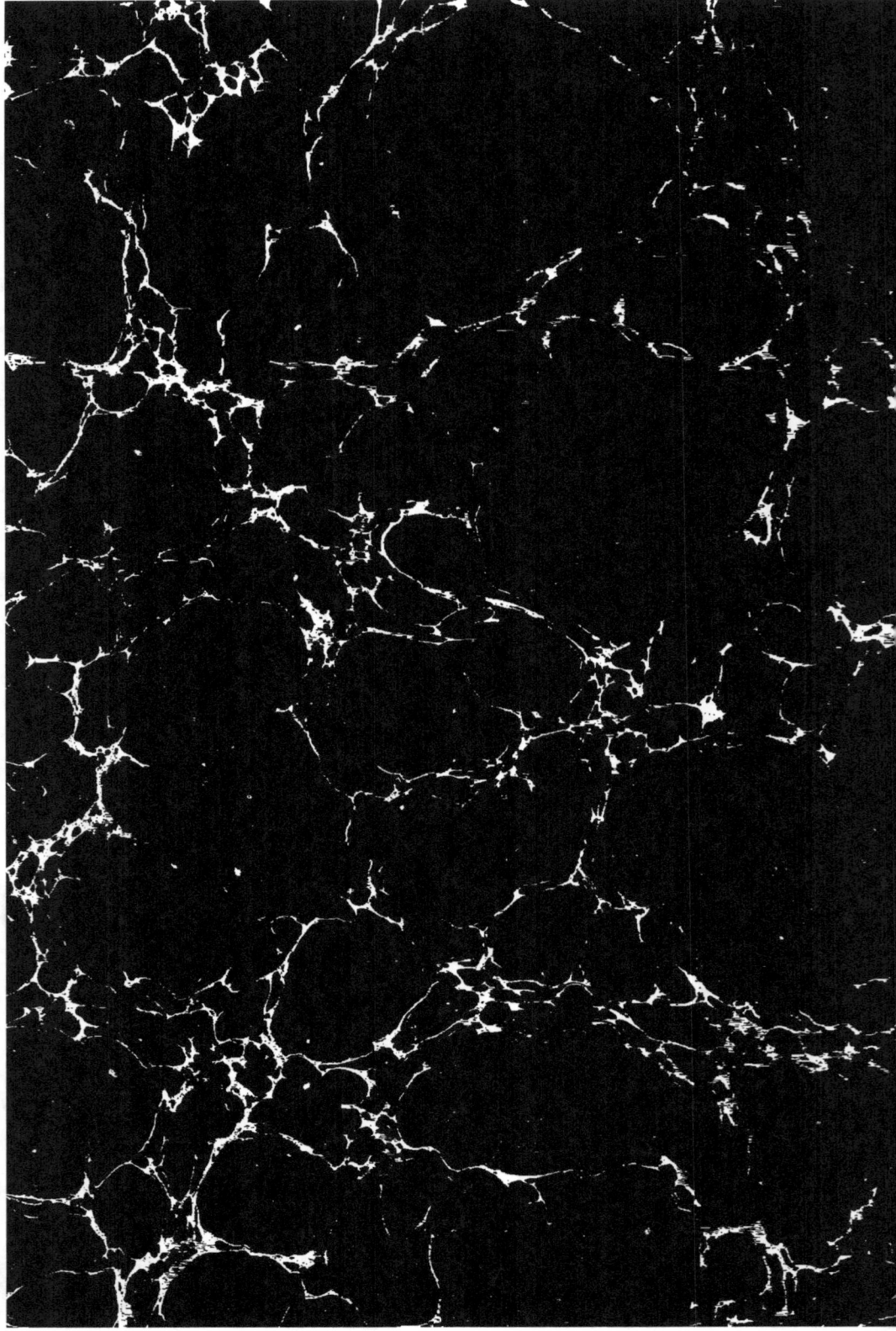

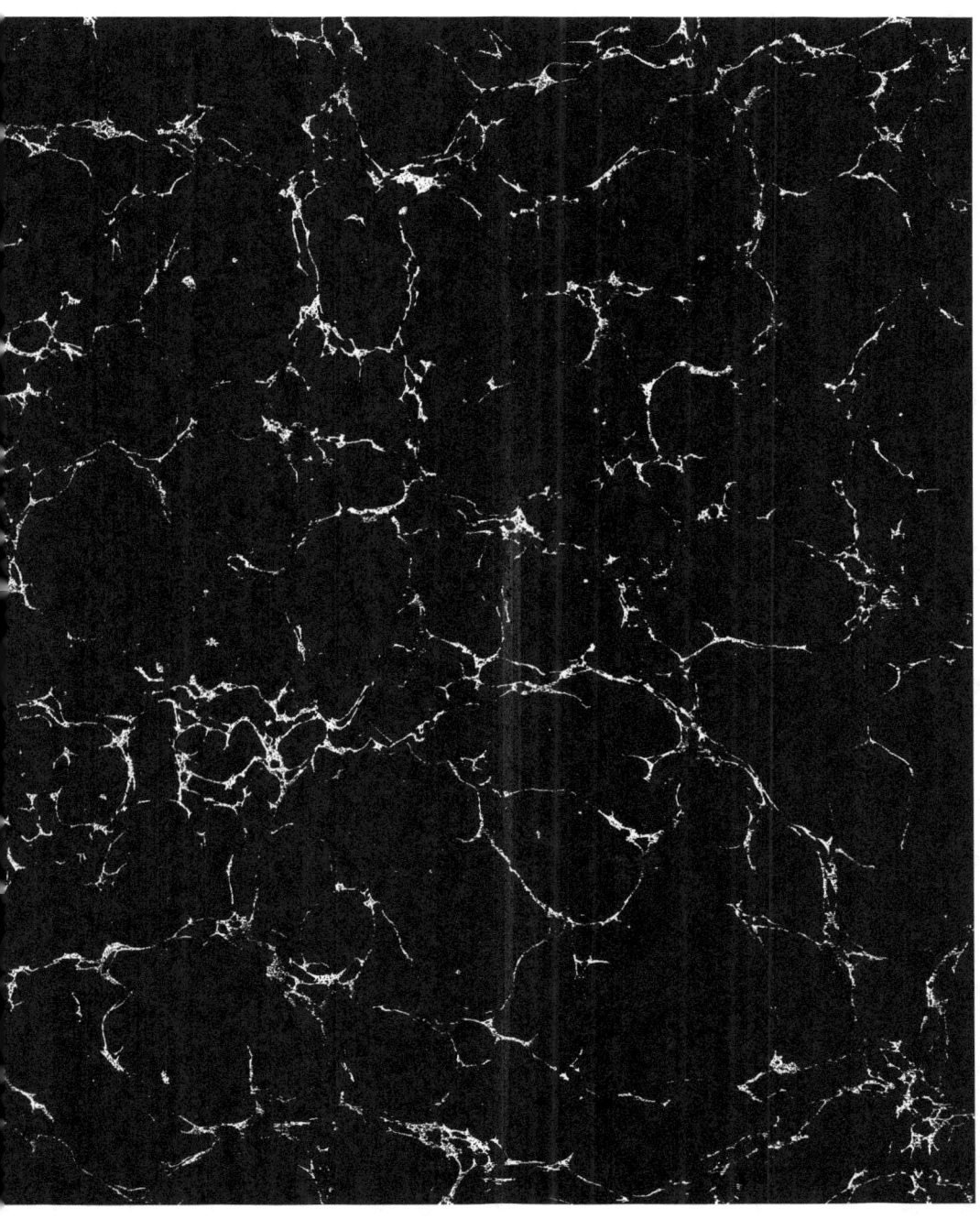

www.ingramcontent.com/pod-product-compliance
Lightning Source LLC
Chambersburg PA
CBHW052239220526
45471CB00001B/114